Matsubara Teruaki
松原照明

伝え導く経営

[コンダクト]
conduct

JN209081

梓書院

はじめに

アクナレッジメント

今年は理念成文化プログラムを発表して8年、「浸透する経営理念」を出版して4年になります。これまで福岡県中小企業家同友会かすや、福友支部、福岡、長崎、筑後広域経営研究会、倫理法人会後継者塾等で説明しました。また、金沢の芝寿し梶谷晋弘会長の主催する勉強会、㈱楠本浩総合会計事務所主催のグローバル・経営者フォーラムをはじめ新潟、栃木、群馬、埼玉、東京、静岡、京都等で700名を超える経営者に伝える機会を得ました。「この考えはわかりやすいですね」「これまでこのようなことは知らなかった」等々の賛同や賞賛を得ました。この本を出版するきっかけは、7年前より私が主宰する「理念伝導感動塾」三期生の健康住宅㈱畑中直社長から

２０１２年春ごろに「今回の震災は未曾有の被害で、企業再建は困難極まりないでしょう。しかし経営で困っている方は全国にもいます。この考えを本にして世の中に伝えましょう」と諭され出版しました。すると思いもよらず全国の有名書店のビジネス書コーナーで販売していただき多くの感想・ご質問を頂戴いたしました。その多くは「三次元理念」の作成方法や理念を浸透させる上でのお悩みでした。お一人お一人の質問にメール、お手紙、電話等々でお答えをしてご納得していただき喜ばれました。続いて多くの方から「どのようにしてこのメソッドを考案したか」「誰のロジックを参考にして作ったのか」というご質問をいただきました。研究の上結実しましたと虚勢を張って言いたいところでしたが、「幸運にも、たまたま発見できました」と正直に回答しましたところなかなか理解されませんでした。

私はその反応を受けてこのご質問に対し正しく答えていないからではないかと考えるようになりました。

確かにこれまで三次元理念のような方法をお伝えされている方は誰もいない。中小企業経営者で無名の私が説くのはミスマッチしていると思われるのは当然です。それでは何故特別な能力と才能を持ちあわせていない私が発見できたのか？　その真因があるはずだと自問自答しました。シンクロニシティ（共時性）という言葉があります。まさに与えられた環境や多くの体験・タイミング、必然の出会いがあることを確信しました。出版は一生に二度とないと思って書きましたが皆様からの率直なご質問で大切なことに気づきました。これまでの質問に真摯に回答させていただくとともに感謝してご縁ある方々をフォーカスして新たに出版する決意をいたしました。

企業寿命はかつて30年と言われていましたが、現在では10年から15年に短縮しています。私はこれまで経営理念は事業継承のために必要であると伝えてきました。理念経営によって創業者の精神を忘れず時代に変化対応して引き継がれていきます。人が育ち、活力のある、柔軟に対応できる組織を作り永続企業を実現することを心より願っています。世界でトップクラスの生活と文化を日本は持ちあわせています。

我社だけが、私ごときが行動しても何も変わらないと安易に考えないで、是非一人ひとりが源となり行動していくことが今後も高い生活と文化を支える企業づくりにつながることを祈念しています。

三次元理念を発見した背景

私は1957年に福岡市博多区吉塚で生まれました。

福岡市は現在、人口153万人を超える国内5番目の都市です。2016年8月の福岡市民4500人を対象にした意識調査では、95%を超す住民が住みやすいと回答しました。一方、40%の方はマナーが悪いとも回答しています。

2016年イギリスの情報誌「モノクル」の「世界で住みやすい街ランキング」で福岡がアジアで東京に次ぐ世界第7位（前年度12位）にランクアップされました。これは治安や医療・教育制度、ビジネス環境等の都市機能に加え海、山などの自然へのアクセスの良さ、外食にかかる費用や飲食店の閉店時間、インフラの充実などを住民の目線で住みやすさとして総合的に検討して評価されました。福岡生まれの私は大変嬉しく誇りに感じました。

私の住まいは、都市高速に乗れば10分足らずで都心に着く場所にありますが冬には狸を庭で見かけることができ、春には鶯が鳴き、すぐ近くの博多湾に降りれば風光明媚なウォーキングコースがあり、一年中魚が跳ねています。このような福岡を私はこよく愛しています。

この地で生まれたことが三次元理念を発見できた第一条件だと強く感じます。もちろん本文で書きましたこと一つでもなければ在りえなかったことも事実です。県外の方が福岡に来てタクシーに乗って「観光地はどこですか」と尋ねると、ほとんどの人が太宰府と答え、「市内には見る所があまりありません」という残念な回答をされるのは失望と寂しさを覚えます。私は小学生の頃から歴史が好きで福岡（博多）に関することに興味を持ちました。福岡くらい日本史上歴史の宝庫はないと明言します。

弥生時代に大陸から水稲栽培技術が伝わり、それに伴い板付遺跡などの遺跡が多いこと、鴻臚館が置かれ遣唐使・遣隋使が入出航して、平清盛が博多湾に日本初の袖ノ湊を築造して海外貿易をしたこと、元寇襲来では陸まで攻められ、戦国時代は戦乱で焼け野原になった町を豊臣秀吉は博多を南蛮・明貿易の重要拠点と考え黒田官兵衛、石田三成らに復興を命じます。これが「町割り」と言われ、現在の福岡を大きくした基盤となりました。この復興を財政的に援助したのが豪商の神屋宗湛等です。神屋屋敷跡は現在博多小学校になっており、ここから町割りが開始され一小路と名づけられました。隣接する西側には秀吉を祀った豊国神社があります。又、現在まで博多山笠の伝統が連綿と続いていること、お茶の種子が最初に植えられた日本最初の禅寺聖福寺や饂飩《うどん》、蕎麦、団子が伝来された承天寺、空海最初の建立と言われる東長寺、他にも国宝級の寺社仏閣を有しています。残念なことは第十一代当主黒田長溥《ながひろ》の乙丑《いっちゅう》の獄《ごく》で有能な加藤司書ら尊王攘夷派の家臣が処され、明治維新の歴史の舞台に黒田藩士が出てこないことです。そして中華民国建国者孫文やアジア諸国独立を支えた頭山満翁を創設者とする玄洋社が存在した地であります。

博多は海（港）があったことで都市が整備され成長していきました。ところが江戸時代に徳川幕府は鎖国政策で貿易は長崎の出島で行うようになり、それ以降博多の港機能が戦後まで約２５０年間取り残されました。明治以降は東京を中心に日本経済は発展していき、アメリカ側つまり太平洋側にある横浜、東京、名古屋そして大阪の港湾に物流が集積され、博多港には海外コンテナが１９８４年までまったく入らないという状態でした。福岡に住んでいる私も海に面していることは当然知っていますが、博多が港町であるという意識はほとんどありませんでした。この福岡市で育ったことも「三次元理念成文化プログラム」の創造・生み出しにつながりました。

今回、私のこれまでの体験と考え方をこの書に縷々記述いたしました。本書を手にされた読者の方に一人でも多く伝導していくことを心より願っています。どうぞ気に入った箇所から読まれてください。よろしければ、全編にお目を通していただければ幸甚です。

今回の出版にあたり、梓書院代表田村志朗社長ならびに前田司様のご尽力に感謝します。

2017年6月8日

松原照明

「伝え導く経営」—CONDUCT—　＊目次

第2章　出会いそして起業

第6章　伝え導く経営

第1章　生まれ育まれた福岡

一、原点は家族旅行

父は鋼材販売業を営んでいて自宅は会社事務所の2階にあったので物心ついた頃から両親が朝から晩まで働いている姿を目にしていました。躾に大変厳しい父でありました。成績が悪くて叱られたことはありませんでしたが、あいさつや靴を揃えないときは烈火の如く怒られました。

当時は土曜日・祭日は休日ではなく、日曜日だけが休みでした。隔週日曜に父の運転で母、長女、次女、長男、妹そして私の家族7人で山や海にドライブを兼ねて食事に行っていました。また夏、冬、正月には九州・山口・四国各地の温泉地や景勝地に家族で旅行に行きました。２０１６年の熊本地震で甚大な被害が出ました阿蘇・湯の谷温泉で初めて見た野生のキツネ、冬に泊まった九重・山下湖畔の九重レイクサイドホテルで朝起きたら銀世界で仕方なく車を置いて列車で帰宅したこと、毎年長崎・西海橋の渦潮が巻く眼前で食べた生簀料理は思い出深く半世紀経っても鮮明に覚えています。

しかしながら子供の私は新鮮な伊勢海老や鯛、ヒラメの味がわからず茶碗蒸しや焼き魚しか食べられませんでした。またナイフやフォークを使った難しい(?)料理を食べに連れて行ってくれるのですがそんな料理よりもカレーやハンバーグのほうがいいなと内心思っていました。高校生になってから試験やクラブで家族全員での行動は減り、その頃になるとそれまで嫌だった刺身等も好んで食べるようになりました。

父と小６の時（九重高原）

父は一日も休みを取ることなく、また疲れた顔一つ見せずに私たちにいろいろな体験をさせてくれました。そし

て当時としてはなかなか行けない場所や料理を食べさせたいという父の思いがようやく中学卒業する頃に理解できました。私が国内を始め海外各地を訪れることやいろんな国内外の料理を食べることを好むのは小さい時に両親に連れて行っていただいた各地へのドライブ・食事、四季に応じた家族旅行の影響が大きいようです。このような体験により私はあらゆることに興味を持ち新しいことでも受け入れて知らない世界にも挑戦してみようという考えを持つことができました。

二、滝行で知る名前の由来

隔週日曜日に家族と行くドライブ・食事のうち一度は福岡県糟屋郡篠栗町の若杉山山中にあるお寺に行きました。家族揃って行きますので抵抗もなく、その後にドライブ・食事と通常の行事になるのでした。そこは明王院という高野山真言宗のお寺で不動明王等の五大明王を祀っており、父方の祖母も同じ宗派の熱心な信者でまた母方の祖父・祖母が戦後から通っていたので両親も一緒に行くようになったとのことでした。現在も松原家の法事はご住職（真言宗は院家《いんげ》と呼称）が法要に毎回来られます。その寺には信者が滝行をする霊験あらたかな養老ヶ滝（通称）があります。養老2年（718年）にインドの高僧、善無畏三蔵が開いたとされる滝です。

正月には小学生から中学生までの男子はお参りの時に滝に打たれる慣わしでした。滝の周辺は凍りつき水に手を入れるだけで切れそうな極寒で5秒もすれば感覚が麻痺するのです。父（当時48、49歳）が最初に滝に入り、打たれます。冬ですから水量は少ないのですが勇気を振り絞って入ると水中にいるかのように息ができません。我慢できず出ようとすると「気合を入れ、声を出して滝に打たれなさい」と言われ、手を握られて滝の中に戻り大きな声で「アー」「オー」と言って（叫んで）いると2秒と我慢できなかったのが20、30秒と滝に打たれることができたのです。終わって更衣室で下着を着ると、まるでコートを羽織っているかのように暖かいのです。この体験から小学校低学年で寒さの固定観念が外れ寒さは自分の心が決めるということがわかりました。

更衣室を出て母から濡れた髪を拭いてもらっているときに、「あなたの名前はお父さんとお母さんがお寺のご院家さんに相談してつけたのですよ」と言われました。そして「ご院家さんから世の中を人のために照らし足下を明るくするようにと言われて命名しました」と教えていただきました。それまでは「照明」という名前は好きではありませんでした。というのはクラス内で「テルテル坊主」「てる坊」とからかわれて呼ばれていたからです。名前の由来を母から聞いて以来大変嬉しくまた使命を感じました。

三、母の愛子知らず

輸入車でのドライブや食事、そして当時としては珍しい家族旅行と書きますと大変裕福な生活をしているように思えますがそれは日曜日だけでそれ以外の月曜日から土曜日は一転いや激変するのです。欲しいものは一切買えませんでした。友達が持っている流行のペンケースを母におねだりすると「ある物を使いなさい」と言われ、キャラクターが印刷された消しゴムは「ダメ」でした。また友達同士での記念切手の交換・収集等は許されず、私は周囲の友達を羨ましく思っていました。お菓子を買うお金も持っていません。靴下は破れているのを縫って履いていました。靴を脱ぐのが恥ずかしかったのを憶えています。学校では給食の後に希望者だけ肝油（ゼリー）を購入できたのですがそれを食べてみたいと思ったものです。

当時、プロ野球チーム西鉄（現西武）ライオンズが本拠地を福岡の平和台球場に置いていました。当時はサッカーやラクビー観戦はなくもっぱら野球でした。私も地元での試合に友達と行くことを楽しみにしていました。母から往復のバス代と入場料代をもらって行くのですが試合中に友達が弁当を買うのです。「よその家はお小遣いまで貰えるんだ」という驚きと同時に友達が食べていたシウマイ弁当を強烈に羨ましく感じました。現在も上京すると崎陽軒のシウマイをたまにお土産に買って帰るのは50

年前のこの想いが影響しているのかもしれません。

そんなこともあり真剣に兄と「ドライブや活魚料理はいらないから、お小遣いが欲しい。我家は本当は貧乏なの？　それとも裕福なの？」と日曜日が来るたびに話したものです。

ただし例外が一つありました。外出用の洋服を博多大丸（当時は呉服町に所在）に買いに行った時にデパートの食堂で私の一番の好物であるホットケーキだけは買ってくれたのです。でも、それ以外はダメでした。

当時の日本はまだ高度経済成長初期で現在のように物は溢れていませんでした。日頃から贅沢をさせて私たち子供が勘違いをして至らぬ考えを持ったり、金銭感覚を履き違えないようにとメリハリを教えようとしていただいていたことは子供の私には到底理解できませんでした。「親の心子知らず」と言われるようにようやく大人になってこのことが理解できました。もし毎日好きなものを買い、したいことができる小学生時代を過ごしていたら我慢ができず、努力もせず、なんでも自分のやりたいようにやる我儘な人間になっていたでしょう。社会人になって自分でお金を稼ぐようになり、母に心から感謝しました。このことは私の人生の基盤となりました。

四、恩師原口安美先生

躾の厳しい父に対し、母は教育に熱心でした。戦後間もない時期に女学校を卒業した教育環境から私たちにも同様にと考えたのでしょう。ところが他の兄弟は運動もよくでき成績も優秀でしたのに対し5人兄弟の中で私だけができが悪く運動オンチで成績は悪い子供でした。加えて落ち着きがなく小学1年生の夏休みに不注意から交通事故を起こし両親には心配をかける、忘れ物はする、遅刻はほぼ毎日という状況でしたので担任の先生もよく思っていないようでした。このことから兄弟に対してのコンプレックス、先生に対しての嫌悪感が募り授業態度は集中力を欠いて態度も良くありませんでした。私は学校嫌いでしたので夏休みや冬休みが嬉しかったのですが、その前に恐怖が待ち受けていました。それは通信簿（成績表）を渡されることです。

個人評価は低く、成績もクラスで後ろのほうでした。兄弟は母に喜んで報告して通信簿を手渡すのですが、私は母から催促されるまで出しませんでした。通信簿を見た母は「どうしてあなただけ成績が悪いの」「ダメな子ね、恥ずかしい」等とは決して言わないのが救いでしたが私は落ちこぼれの小学生生活を悶々と過ごしていたのです。

本来なら5年生で担任の先生が変わるのですが4年生の時に先生がお産で休暇を取られ1年早く原口安美先生が赴任されました。

私は相変わらず遅刻をする、忘れ物をする、宿題をしない児童でした。ある時社会の授業で「博多と福岡の違いは何でしょうか」という先生の問いにクラスの中でいつも手を挙げる優秀な学級委員長が黙っています。私はどの授業でもそうですが先生からあてられないように顔を下げていました。誰も手を挙げていないか確認しようと不意に顔を上げると先生と目が合ってしまったのです。「はい、松原君」と先生が私を指差しました。何せ授業で発言するのは小学1年生以来のことで、まるで絶叫マシーンかジェットコースターに乗るような気持ちで立ち上がり「博多は商人の町で福岡は武士の…」というようなことを言ったようです。すると「松原君すごいぞ！」そして「クラスの誰もわからないことをよく答えましたね」と言われたのです。これまで授業では人前で怒られることや恥ずかしいことには慣れていましたが誉められたことがほとんどなかった私は血液が逆流するような何か熱いものを感じて、何とも言えない嬉しい気持ちになり席に座ってもしばらく余韻が続いていました。

「自分は何をしてもダメな子だ」と思っていましたが先生からのホメ言葉の体験以来変化が起こってくるのです。

実は先に述べた「滝行」もそれまではできなかったのです。このことがきっかけで忘れ物をしないように前日確認するようになり、朝も相変わらず遅いのですが遅刻をしなくなりました。言葉は言霊《ことだま》と言いますがまさに先生の一言で落ちこぼれの私が救われたのです。どのような人でも長所を引き出せることを体感しました。これはその後誰に対しても良い所を見つけ声掛けをする私の信条となりました。

五、流星号と体力測定

この出来事のあとも社会科以外は相変わらずわかりませんでした。とりわけ算数は苦手で勉強をする気がしなかった。ところが原口先生の専門は理科でした。先生に誉められたい思いで授業を聞いて理科の宿題をするうちに理解できるようになりそれまで通信簿に3点以上の点数評価はありませんでしたが、4年生の2学期に初めて社会と理科が4点、3点とつきました。それまで拒否していた国語も姉に教わり、3学期の通信簿には3教科に4点がついたのです。とはいえそれ以外は変わらず1点、2点でした。

私は3年生から町内子ども会のソフトボール部に入っていましたが守ってはボールを取れず、打ってはバットに当たらずと試合ではもっぱらベンチウォーマーでひけ目を感じていました。4年生の時兄から自転車の乗り方を教えてもらいどこに行くにも自転車で移動していました。これは友達と特段変わらないことですが友達と違う点が一つあったのです。友人は変速ギア付きのスポーツタイプのカッコいい自転車に乗っていましたが、私は母に自転車を買って欲しいと懇願するとすぐに購入していただきましたが、それはノーマルタイプのいわゆるママチャリだったのです。お願いしても変わるはずがないことはわかっていましたので恥ずかしさを感じながらも自転車に乗りたい私はそれを「流星号」と名づけて愛用しました。

ペダルは重く坂道は思うように進まず、隣を友達が笑いながらスイスイ走っていくのでした。しかしこのことが私の身体に劇的な変化をもたらしたのです。それは、5年生の2学期におこなわれた校内体力測定での出来事です。測定内容はソフトボール投げ、走り幅跳び、50メートル走の3種でした。運動オンチの私は運動会が嫌いでした。ボール投げ、幅跳びは低調な記録です。50メートル走は2人並走で測定しました。運悪く隣は運動神経抜群のクラスの人気者です。暗い気持ちになり走り出しました。するとクラスの仲間が騒然とするのです。何と私のほうが速かったのです。一番驚いたのは私です。「え、ウソだ、そんなはずはない、きっと怪我か何かしていたのだ！」と嬉しい気持ちと驚きが心の中で交錯していました。

それから1週間後です。２階の踊り場に校内運動測定の記録が張り出されていました。何気なしにボール投げ、走り幅跳びに続いて50メートル走を見て驚きました。私の記録は校内第2位になっていたのです。

しばらくすると鉄棒ができるようになり、跳び箱もクラスの中でも高く跳べるようになりました。不思議なことに苦手なソフトボールは誰もが嫌がるキャッチャーのポジションを守るようになって5年生の3学期にはレギュラーになり、打順も1、２番を打つようになったのです。また、小学5年生から始めたアイススケートも好きでうまく滑ることができました。自転車の負荷で足の筋力が鍛えられて苦手だった運動が得意になっていたのです。与えられた環境を受け入れ、肯定的に取り組めば、よい結果が出ることをこのとき体験しました。この体験によって社会人になって苦しい時にも希望を持つことができたのです。

六、西鉄ライオンズと平和台

当時はサッカーやラクビー等のプロスポーツチームはなく、プロ野球球団の西鉄（現西武）ライオンズは憧れの的でした。

現在は鴻臚館跡として重要な史跡になっている場所に平和台野球場がありました。年に数回、友達との試合観戦が私の最高の楽しみでした。当時は路面電車が福岡市内を走っており、平和台球技場前に電停があって自宅からも容易に行けたのです。

憧れの選手が目の前でプレーするのでもちろんワクワクするのですが、もう一つ大きな楽しみがあったのです。現在の野球場では考えられませんが試合終了と同時にあるセレモニーができたのです。それは内・外野のスタンドから観客がフェンスを越えてグラウンド内に一斉になだれ込むのです。私も試合終了間際になるとネットに手を掛けて、まるで優勝の瞬間を待つようにスタンバイしていました。ゲームセットになると夢中で友達と先を争うように小さい体で一生懸命フェンスをよじ登りグランドに降りてピッチャーマウンドの投球プレートに立って黒い土を触ったり、一塁ベースから二塁ベースに走ってみたりしたものです。

今思うと決して大きな球場ではなかったでしょうが子供心にはとてつもなく広く、ナイターが昼のように眩しく感じました。

私が生まれた昭和32年頃のライオンズは常勝球団だったようです。その頃の日本シリーズ3連覇で活躍した「神様、仏様、稲尾様」と言われた稲尾和久さんが当時の監督で下位を毎年争っていました。それでも子供にとって夢である平和台球場に通ったものです。

1973年に太平洋クラブ、77年にクラウンライターと経営が変わり西鉄の冠はなくなりましたが平和台を本拠地にして試合が行われていました。

私が大学2年（1978年）のときに、ライオンズは西武鉄道グループの国土計画に売却されました。本拠地が所沢に移ってチーム名も西武ライオンズに変わり遠いところに行ってしまい平和台でライオンズを見ることができなくなりました。同時に、子供の頃フェンスをよじ登ってグラウンドに降りたことが懐かしく悔しさや淋しさを感じたものです。

「将来ライオンズが福岡に戻ってきたら二度と手放さない」と学生の身分で何の力もありませんでしたが強固な気持ちを持ちました。

その後、ライオンズは福岡に戻ってくることはありませんでしたがこのときの辛く悔しい想いが後に経営者になって大きなエネルギーとなり私を突き動かしいくつかの大きなプロジェクトを達成することになるのです。

七、あなたがたが選んだのではない

福岡市立東吉塚小学校を卒業して私立西南学院中学を受験し合格して入学しました。

先述の通り落ちこぼれの私を原口先生が深い穴から引き上げて救出してくれました。

その結果6年生の2学期には成績も上位になり運動もできる児童に変身したのです。ところが中学には受験勉強した優秀な生徒が福岡市内はもとより県内各地から集まっていました。私はみんなの学業レベルについて行けず3年前の悪夢がまたも甦ったのです。

兄の影響で入学と同時にバスケットボール部に入部しました。バスケットボールは室内競技ですが当時の西南学院中学には体育館がなく炎天下でバスケットボールの厳しい練習をするのは大変なことでした。

しかし私は好きなバスケットボールならどんなに辛い練習でも耐えることができ、一所懸命に練習しました。余談ですが対外試合で他校のバスケ選手は色白でしたが我校の選手は全員が日焼け顔でした。

一学期末に初めて渡された通信簿を見ると社会と国語そして体育以外は小学校時代とあまり変わらない点数がついているのです。それは小学校と異なり5点満点から10点満点評価だったのです。また大きく違っていたのは成績表と名称が変わっており、試験終了後に個人面談があることでした。1年生の担任の先生は体育の担当で「もし2学期末に現在より成績が落ちたらクラブを辞め勉強に専念しなさい」と言われたのです。それから奮起して学校から帰って復習、宿題に取り組みましたが数学は小学の算数から引き続きよくできませんでした。またミッションスクールでしたので聖書の必須学科があり1学期にキリスト教会に3回出席さえすれば良い成績が取れるラクな学科もありました。こうして2学期末は何とか1学期より成績を落とさずクラブを辞めずにすんだのです。とはいえ依然成績はクラスで後ろのほうで、3学期末に順位を落とすと好きなバスケットボールができなくなることには変わりない状況でした。辞めたくない一心で他の教科を勉強したことでクラブを3年まで辞めることはありませんでした。バスケットボール部の同級生とは現在、年に一度同窓会を開催しています。浦安市副市長はじめ開業医、建築、製薬、電気、保険業界大手の役員や技術者、国内外の各方面で活躍しています。又、㈱九電工の八波保公君直属の上司であり㈱日建設計で顧問をして、九州副代表の川端亙君と顔馴染みのJR九州の佐々木健一特別参与を交え年に数回会食をしています。

小学高学年の時と同様に中学でも卒業前に成績が上がる傾向でしたが公立高校受験は不合格となり西南学院高校に進学しました。入学式で校長先生が「入学おめでとうございます。第一志望校ではなかった方もいるかもしれません。しかし、ここに立っていることは皆様が選んだのではなく神様が選んだのです」と話されたのが強く印象に残っています。高校生活は受験勉強以外は変化なく過ごしましたが3年の文化祭のときに事件を起こして1週間停学処分を受けました。この時不思議なことに中学生のときに成績のために年に3回行っていた日本福音ルーテル博多教会の久米芳也牧師に事の顛末を打明けて洗礼を受けました。高校入学時の校長先生の「言葉」を思い出しました。

聖書から多くのことを学びました。「三次元理念」を発見できた大きな理由の一つであることは間違いありません。

八、人間万事塞翁馬

高校2年生の時に文科系か理科系のどちらの大学を受験するか進路を決めなくてはなりませんでした。

私は英語、国語、社会が好きでしたので迷わず文科系を希望しました。一応母に相談して書類提出しようとしました。ところが母は「お兄さんが文系だから貴方は理系に進んだら」と言うのです。それはわかるけど数学ができないしどうしようと困り随分悩みましたが母はこれまで通り私のことを思って薦めてくれているのだと受け止め私は理科系志望に決めました。7クラスあるうちの2クラスが理系でした。それから大学受験までの2年間数学と毎日向き合い寝ても覚めても数学でした。何とか受験対策をして4つの大学受験に挑みましたが、付け焼刃の勉強では歯がたたず3校が不合格で福岡県飯塚市にある近畿大学九州工学部（現産業理工学部）のみかろうじて合格通知が来ました。

行きたくて受験した大学ではなかったのです。しかし2年間受験勉強にどっぷり漬かり精も根も尽きて再チャレンジする気力はなく、私は浪人生活を選択しませんでした。

通学は国鉄吉塚駅から篠栗線（現在ＪＲ福北ゆたか線）に乗って新飯塚駅まで行き乗り換えて大学まで西鉄バスの1時間半の道のりでした。

このとき初めて汽車（ディーゼルカー）に乗りました。驚いたのは新飯塚駅についてもドアが開かないのです。発車のベルがプラットホームに響き渡っています。ドアが故障していると思って焦っている私の肩口から後ろの乗客がドアを開けてくれました。手動のドアだったのです。駅前は人影がまばらで、商店街は閉店しているお店が立ち並び暗い気持ちでバスを待ちました。

バスの車窓には両側にボタ（石炭採掘時の捨石を積み上げた）山が続き、草も生えないドス黒い地肌が続いているのです。極めつきはバスを降りると石炭の燃えた硫黄臭がキャンパスまで漂っているのでした。入学初日でこれまでに経験したことのない憂鬱な気持ちになったのです。

数日後ガイダンスが終わりクラブ紹介の時間に運動部や文化部に続いて学術研究会という聞き慣れないクラブがありました。それは電機研究会、工業化学研究会で、建築科だけ名称が異なり筑豊総合開発研究会（略称筑研）というものでした。クラブに入る気持ちはまったくありませんでしたが名前を聞いた瞬間ハッとしました。私はこれまで福岡と比較して筑豊にマイナス感情を抱いていた。何もこの地のことを調べたことはないし他の大学であったら筑豊に関心を持つことはなかっただろう。せっかく与えられた4年間を建築の学びに加えて筑豊地区のことを知る機会と捉えようと考えました。

クラブ紹介が終わってすぐに筑研の部室のドアを叩き入部手続きをしました。数人の先輩から怪訝そうな顔で「出身は？」と聞かれ、「福岡です」と答えると「創部以来初めて福岡の人間が入部したバイ」と言われました。今でも大変お世話になってい

展示会で模型を説明する筆者（右）

る馬場信一さんでした。その後に計5、6名の入部があり、総勢20数名の部員となりました。
その頃飯塚市役所が市内を流れる一級河川遠賀川の河川敷の有効利用を計画しており市民からアイデアを募っていました。私の最初の活動はかねてから先輩たちが計画していたプランを模型にして飯塚ジャスコ（現イオン）のメインフロアーで展示するプロジェクトの手伝いでした。会議を進めるうちに駐車場、野球場、遊歩道やベンチを配置しました。私が季節にあったお花畑を造ったらどうでしょうかと提案すると「元々緑があるし川が増水したら水没するのでダメだ」という意見が大半でしたが、馬場先輩からこの提案面白いじゃないかと支持していただき計画に反映して模型を作成しました。展示会当日多くの方が来場され、その中に読売新聞社筑豊支局の方がおられ、翌日の朝刊に模型の写真と私の説明記事が地方版に創部以来初めて取り上げられたのです。

この体験から私は飯塚をはじめ筑豊に対してさらに関心を持ったのでした。その時はこの体験が社会人になって大いに役立つことになるとは知る由もありませんでしたが入学した当初の暗い気持ちは解き放たれ与えられたことを受け入れた前向きな気持ちに変わっていました。

福岡をこよなく愛する私の第二の故郷は日本の近代化と密接に関係した筑豊になりました。また志望してなかった建築を学んだことが一般的な平面の経営理念から三次元メソッドを発見する礎となりました。

九、夏休みは南阿蘇

２０１６年４月14日に発生した熊本・大分地震で甚大な被害を受けた南阿蘇白川水

源駅の近くに住んでいる大学の友人で吉里啓文君がいます。地震発生から1ヶ月後に仮設道路が整備され、すぐに訪問しました。彼は町役場に勤めており土曜、日曜も緊急体制をとって出勤していました。幸いご家族の方はご無事でしたが依然余震が続き復興にはまだ時間を要する状態でした。一日も早く通常の生活ができますことを心より祈念いたします。

大学時代建築科には2クラスありました。実家から通学する者は少なくアパートや下宿住まいがほとんどで同じクラスの数名と仲良くなって授業が終わると友人の下宿先に集まりました。その一人に吉里君がいました。1学期が終わり夏休みに入り友人3名で阿蘇の吉里君の実家に電車に乗って遊びに行くことになりました。

地震で壊れた阿蘇湯の谷

小さい頃から車で家族と一緒に阿蘇は毎年必ず訪れていましたが南阿蘇方面は初め

てで新鮮でした。ご実家は日蓮宗のお寺でお父様がご住職で柔和な方でした。現在はご子息が後を継いでお寺を護られています。ご実家に1週間泊めていただき阿蘇の各地をドライブしました。阿蘇の火口から南阿蘇に至る地元の方が利用する近道、足を延ばして高森・久木野から宮崎県境、雄大な外輪山に広がる大自然等、小学時代から毎年訪れていた阿蘇と異なる風景で私は南阿蘇に魅了されました。

吉里君には阿蘇の風光明媚な場所を案内してもらいましたが目と鼻の先にある駅名にもなっている日本名水百選の「白川水源」に私たちを連れて行きませんでした。数年後テレビや新聞で取り上げられて知り、彼に電話で尋ねました。「どうして凄い湧水が目の前にあるのに連れて行かなかったの?」彼曰く「水ならこのあたりいくらでも湧いているよ。だから別に見ても仕方がないので」との回答でした。なるほど美味しい水、きれいな水を井戸から日常使用している。あたり前とは有難いことであり、恵みであると再認識しました。

翌年から隣接する阿蘇郡長陽村にあるルーテル学院・阿蘇山荘で開催された「大学

生英語キャンプ」に毎年参加して日常英語に身を置きました。青春時代に毎年夏休みを過ごしたのも南阿蘇を好きになった理由です。

自然の雄大さと水の恵みへの感謝を教えてくれた阿蘇です。

残念ながら阿蘇山荘も地震の被害を受けて現在閉鎖中です。

一日も早い復興を願っています。

十、初めてのテキサス・ハロウィーン

学生時代日曜日夕方5時から西南学院教会の英語聖書クラス、英語夕礼拝に参加していました。中学・高校で英会話を習ったC・W・フェナー先生の奥様でジョイ・フェナー夫人に担当・指導していただきました。周囲の友人が流暢に英会話するのを羨ましく思い、少しでも上達したい気持ちで通いました。終了後先生宅に20人くらいの学生仲間とともにお邪魔しました。なかに吉村利幸・豊子（旧姓島田）さん、八田正

俊君や外国人留学生数名も加わり楽しい談笑時間でした。すでに留学して帰国した方、これから留学する方がいて私もいつしかアメリカに行きたいという想いを膨らませていました。

２年の春休みが終わったある日先生夫妻から「３週間休みが取れるならアメリカの友人にコンタクトしてあげます」と嬉しいお言葉をかけられました。それも航空運賃だけでよく宿泊、食事代等は一切要らないということでした。私は千載一遇の機会と思い秋の大学祭のある10月末にターゲットを絞り前後３週間を休学して行こうと考えてお願いしました。

ただし大きな障壁があったのです。それは旅行中２回ある日曜日に英語でスピーチ（証し）をするという条件でした。私は二度とないチャンスにチャ

NASA（ヒューストン）

レンジをすることを決めてそれまで日本語ですら人前でスピーチしたことのなかった私はそれから６ヶ月間は英語で１００名以上のアメリカ人を前に話す準備を始めたのでした。

初めてスピーチした教会

かくして１９７７年10月末に私が初めて米国に滞在したのはテキサス州ヒューストンでした。ＮＡＳＡがアポロ計画で何度も月面着陸しており実際にコントロールセンターを見て興奮しました。次世代のロケットは発射して地球に帰還し再生可能になることを聞きました。これが今は計画終了したスペースシャトルだったことを思い出します。また、世界初のドーム型野球場「アストロドーム」や３６０度回転するジェットコースター、帰りに立ち寄った（30年前は西海岸直行便でなくホノルル経由であった）ハワイでは当時まだ日本になかったマクドナルドのドライブスルーなど見るものすべてが初めてで驚きの連続でした。

到着日の夜のパーティーでのカボチャや魔法使いに仮装して楽しく食事をしたのが「ハロウィーン」パーティーだったことは、数年後に理解できました。

さて、楽しい日々も束の間、ついに日曜日がやって来ました。会場は South Avenue Baptist Church でした。出席者は想定外の１５０名を超えていて壇上に上がると真っ白になり何も見えないのがよかったのかこれまで練習してきたメッセージを必死でスピーチしました。終わって数人の方が私の席まで来られて、労いのお言葉をいただきました。その中に耳が不自由なご婦人がいて、「貴方のスピーチは口の開きを見てよくわかりました。遠く1万キロ離れた日本からよく来てくれましたね」と言われたのです。私は英語が通じた嬉しさとこれまでの緊張感と不安から解放されて感涙し、しばらく涙が止まりませんでした。その後ウエーコー、ダラスへと移動していき、20歳で感じた初めてのアメリカ一人旅は多くの体験と可能性を与えていただいたような、今後の指針となるべき道筋をはっきりと掴んだ人生にとってかけがえのない旅となりました。

十一、欧州南周り最終便

１９７９年大学生活も最終年になり苦手だった製図の単位も何とか取得でき、残すは研究室の卒業論文のみとなりました。テーマは「筑豊地区における住宅着工数の変遷と背景」と決めて一年をかけて調査・研究に取り組みました。これが通らなければ卒業できないことに加え、教授陣へのプレゼンテーションを１回で合格しなければならない大きな理由がありました。それは第１回審査の２日後の３月１日からイギリスに語学研修が決まっており、２回目の審査になると日程上、間に合わないのでした。私は卒論審査に向けて徹夜をしながら準備に取り組みました。

お陰で第１回審査で合格をいただき無事にイギリス・ケンブリッジに旅立つことができました。３週間のケンブリッジ滞在の間に、ロンドン、湖水地方、シェークスピア生誕の地ストラッドフォード・アポン・エイボンやコッツウォルズ等、毎週末にバス旅行をいたしました。なかでもスコットランド・エディンバラの宿泊したホテルで結婚披露宴に飛び入り参加したことに、国民性の大らかさを肌で感じることができました。イギリス研修の後、イタリア・バチカン市国、ローマ、ナポリ、そしてベスビオス火山の火山灰で埋まったポンペイの遺跡を訪れたのは歴史好きな私にとって最高の卒業記念となりました。その後、スイス・ジュネーブ、フランス・パリ、最後はベルギー・ブリュッセルに滞在してヨーロッパの歴史と文化を垣間見ました。

研修に参加したのは関東及び関西の私立大学の学生を中心にした20数名の学生で、福岡からは私と福岡大学の山崎晴隆君2人の参加でした。山崎君とは現在も親交があり結婚、出産、子育て、社会での悩み等を共有する40年来の友人でありケンブリッジで学んだ当時のことを語り合う仲です。

さて、この旅は（現在は廃業した）サベナ・ベルギー航空を利用しました。空路で現在ではできない体験をしました。当時欧州に行くにはアラスカ・アンカレッジ経由の北周りか南周り経由がありました。私たちは南周り航路でした。成田を出発して台

山崎君（左）とモンマルトルの丘

北、香港、バンコク、マドラス、ドバイ、アテネを経由してベルギーに到着するのに所要時間が22時間以上かかりました。特急電車のように各空港で乗降客が入れ替わります。往きはまだしも帰りは辛く、途方もなく感じました。3月31日にブリュッセル空港を出発して往きと同じ飛行ルートでアテネから多くの乗客を乗せて飛び立った頃機内アナウンスが追い討ちをかけたのです。「皆様本日のご搭乗誠にありがとうございます。この飛行機は、本日をもって南周り最終フライトとなります」。あと1日違っていれば…と疲労感と溜息で空虚感がいっぱいになりました。

次の経由地UAE・ドバイは普段聞きなれない都市だなと思い説明文に目を移すと

「古くから交易における要衝の港で、御木本幸吉翁が養殖真珠を成功させるまで天然真珠の名産地だった。石油はほとんど埋蔵されていない。近年は欧米人のリゾート地として、美しいペルシャ湾に面した大型埋立て地整備計画もある」。経由した他の都市も同様に見たはずですが朦朧とした中で何故かドバイだけが記憶に残りました。28年後50歳で現地を訪れることなど夢にも思いませんでした。

このようにして小学、中学、高校、大学で繰り返し逆境から順境になった経験を通してどのような状況においても方法はあることを身につけました。これらが「理念三次元作成法」の考え方の基礎となったのです。

第2章　出会いそして起業

cs-steel

シーエススチール株式会社

一、会社は組織で動く

1ヶ月の欧州研修から帰国したのが4月1日、父の経営する一般鋼材販売業の毎日鋼板工業㈱への入社は2日でした。

すでに実務をしていたので入社日とか新社会人の意識はまったくありませんでした。大学3年の時に列車通学に時間がかかるので車を借りて通学するようにしました。しかしこれには条件があり、カリキュラムで時間が空いたら筑豊地区の新規営業訪問をすることでした。私はカラ返事をして、これで車通学ができて往復が楽になると思っていたら、数日後兄から会社訪問するときに要るだろうと名刺を渡されました。

渡された名刺を捨てるわけにもいかず、仕方なしに営業活動を始めました。手始めに飯塚市内で既に2社あった取引先に名刺の出し方もわからず行ってみました。

すると「ちょうど良い時に来た。注文書を持って帰ってくれ」といきなり言われたのです。内心注文を取りに来たのではなくただ名刺を渡しに来ただけなのにと困惑しましたが、帰社して兄に注文書を渡すと「凄いタイミングだな。明日も頼むな」と言われました。翌日もう1社のお客様に名刺を渡して帰ろうとすると「兄ちゃん、この見積をして回答してくれんかね」と呼び止められ手書きのメモを渡されました。当時はまだファクシミリが普及しておらず郵送か電話で説明して見積をしていたのです。帰社して会社の営業社員の方に尋ねると重量×単価で金額が決まることを教えてもらいました。重量は重量表から単価は相場単価表を見て見積書（手書きであった）に記入して翌日持参すると「わかった、いつ納入できる？」と言われビックリ！しました。

生まれて初めて営業受注をした瞬間でした。その会社は上野鉄工さんと言われ現在の社長は上野篤さんで、偶然ですが大学の後輩だったのです。それから新規開拓営業するたびに受注が決まりそれまで筑豊地区に週1便であった配送便が大学4年の頃には一日3便4トントラックを出すまでに受注量が増加したのです。卒業前には30件を超える顧客数になり月間2～3千万円の売上を計上していました。

学生時代は授業やゼミの合間しか営業に行けなかったが社会人になると2倍以上の時間がありフルに営業できるので月間4千万円以上の売上はできるだろうと軽く考えていました。ところが社会人になって半年経っても売上は増えないのです。私は悩み落ち込みました。学生時代は営業して受注明細を報告さえすればよかったのですが社会人になると営業訪問以外に、見積、受注後に仕入れ、発注、配車、売上処理等の作業があり相当の時間がかかることを知りました。つまり会社はこれらの部門が相まってできる組織が総合力となって機能するのであり、学生時代には社員の皆様がカバーしてくれていたことを知りませんでした。そのことから仕事は一人の力でどんなに頑張っても2倍の結果を出すことは難しいがチームで取り組めば2倍、5倍、10倍の成果が可能であることを社会人になって知りました。

二、佐賀地区営業開拓

入社３年経った頃、常務であった兄から佐賀地区の営業担当辞令が出ました。それまでの担当者の年齢を考慮して営業を引き継ぐためでした。学生時代から３年間担当した筑豊地区には新入社員で大学の後輩である田中英文君が配属されました。

佐賀地区は既存のお客様が５社あり、そのうち１社は毎日トラックで配送する重要顧客でした。初めて足を踏み入れる地で不安もありましたが、すでに顧客もあり前任者の営業を着実に引き継いでいきました。２、３ヶ月すると軌道に乗り時間が少し空くようになったので学生時代に培った新規営業を行いました。５年前の感触が蘇りまったく臆することなく明るく元気に挨拶して訪問すると１年間で10社の新規顧客取引ができこれまで一日１便であった配送が２、３便になりトラックを増車することになりました。

その中に神埼にあるトヨタ工機㈱九州工場がありました。毎月受注量を増やしていただき取引１年後に既存の重要顧客の売上を上回ったのです。社長であった父も喜んでいました。トヨタ工機さんの業務内容はコンクリート二次製品の鋼製型枠製造で、重松工場長にお願いして御礼をかねて訪問のアポイントを取っていただきました。所在地は府中市四谷で京王線聖蹟桜ヶ丘駅が最寄駅でした。

工場に案内されると、これまで見たことがない高精度な工場設備と国内2番目に導入されたレーザー切断加工機やNC制御の精密プレーナー（鉄を削るカンナのような機械）等最新鋭マシーンが揃っていて驚きました。極めつけは事務所の3階奥にある大型コピー機のような機械でした。それはマイクロチップに図面を収納して大量に永年保管する機械という説明を受けこれまでのモノ作りの発想が180度転換いたしました。

これらの設備と製造アイデアを考案している豊田譲社長と初めて面会した時、電流が流れるような不思議な感じがしました。社長の発想は同業他社と異なり製品設備のみならず社員待遇に関してもこれまでの製造業とは大きく違っていました。トイレは清潔で常時お湯が出る手洗い場・シャワー室が完備されており控え室はロッカーと机だけの殺風景でなく内装クロスは明るく清潔でこれまでの製造企業の3K「暗い（きつい)、汚い、危険」のイメージとは雲泥の差がありました。もちろん製品は業界トップの精度を誇り見るものすべてに驚嘆しました。このときの印象が後に我社の工場を計画するときの模範となっています。社員さんが自社を誇りとするのは業種や規模でなく、経営者の考えによって企業風土が醸成されるからだと知りました。

翌年年末の挨拶で豊田社長を訪ねた時に型枠の連結部品の代替品を提案したところ大変喜ばれました。「九州から飛行機代も大変だろう」と言われ本社から九州工場に支給していた型枠に使用する自動車用鋼板（ＳＡＰＨ３７０）を九州初の取扱いを豊田社長からご用命いただきました。その晩、国分寺市で幹部を交えての会食に加わり閉会後急遽社長宅に泊めていただきました。翌朝奥様の手料理と茶碗にいっぱいの北海道産のイクラご飯は大変美味しく感激いたしました。

企業はコミュニティ図（88ページ）のように、素晴しい技術製品でお客様と社員に働きやすい環境と人材育成、仕入先に公平な企業でなければ発展しないことを27歳で学び、後の理念作成に大きな影響を受けました。

三、機中での出会い

翌年豊田社長の紹介で次男さんが勤務されていた工作機械メーカー㈱アマダのバンドソー（大型鋸盤）を購入するため神奈川県伊勢原市の本社展示工場に行くことになりました。福岡空港から他の企業8名とご一緒でした。その中に大牟田市にある信号電材㈱創業者である糸永嶢《たかし》社長（現名誉会長）がいました。見学が終わった帰りの機中で隣の席になり「私にも貴方と同じくらいの息子が2人います。長男は専務として働いているが次男は何をしているかわからない」と話された後「一度大牟田に遊びに来なさい」と言われました。

後日電車で大牟田駅に着くと糸永社長ご自身がお迎えに来られ会社訪問をいたしました。不思議なことに初めて大牟田に来た気がしなかったのです。それは石炭が燃えるときの硫黄臭がする筑豊と似た雰囲気だったからでしょう。工場見学の説明を糸永一平専務（現会長）にしていただき、普段車や路上から見る信号機が製造されている現場を見て赤・黄・青の電球が大きいのに驚きました。また横たわっている鋼管がたくさんあり信号機の柱にはコンクリート製と鋼管製がありそれが信号用の柱だということを教えていただきました。いつも目にしているはずなのに意識していないことに気づきました。その時は数年後起業して信号柱の鋼管納入の窓口をするとは想像だにしていませんでした。

それから月に一度、佐賀から足を延ばして大牟田を訪問するようになりました。１年後のある日挨拶して帰ろうとすると唐突に「松原君、焼鳥でも食べに行かないか」と赤いヘルメットをかぶった見知らぬ若い方から声を掛けられました。直感で次男の糸永康平氏（現社長）だとわかりました。ビールを飲みながらお会いしたことがないのにどうして声を掛けたのですかと尋ねると「貴方が次男と聞いたから」とよくわからない回答でしたが糸永嶢社長が言われたような・・・わからない方ではなく社員のことをよく考え良い会社にしたいという熱い思いのある方という第一印象でした。その後は

信号電材㈱糸永康平社長（右）と阿蘇高岳登山、根子岳を望む

定期的に企業親善ソフトボール等を福岡市や大牟田市で、ある時は中間地の鳥栖市で開催しました。30歳になった頃大分県の由布岳に一泊登山に誘われました。私は学生時代にあらゆるスポーツをしており町内運動会の対抗リレーでもアンカーでした。「山登りくらい」と軽く考えていました。登山前日テントを張って中学以来の野営をしました。翌朝意気揚々と登り始めたところあまり飛ばさずゆっくり登るようにと忠告されましたが内心「これくらい大丈夫」と思っていました。六、七合目に達するとそれまでの木々の中で曲がりながらの道から日陰もなくひたすら直線の道に変わりました。すると足が動かなくなり百メートルごとに休まないといけない状態に陥りました。やっとの思いで頂上に辿り着き横たわっていると糸永康平社長はコ

ッフェルで沸かした湯に粉末コーヒーを入れてくれました。このとき飲んだコーヒーは、それまで飲んだ最高のブルーマウンテンよりも美味しく感じ、疲れが癒されました。あの時の珈琲を超える味に国内外の珈琲専門店で未だかつて出会っていません。

一期一会の出会いに感謝します。

四、一冊の本

定期的な東京出張の際に関東地区に本社があるお客様５、６社を順番で訪問するようになりました。その中でトヨタ工機さんと同じく毎回必ず訪問したのがカエル運動で著名な横浜市北区にある東京絞工業所㈱（現日本スピン㈱）濱中高一社長でした。お取引の九州工場鬼沢工場長（当時）に道順を習って初めて訪問したのは28歳のときです。東横線綱島駅で降車し東急バスで行った先はそれまでの横浜のイメージと異なり工場が立ち並ぶ地域で都会でなく福岡にもある風景で少し期待外れでした。

社長室に通されるやいなや小柄でスキのないシャープな出で立ちの濱中社長が明るく元気な声で迎えてくださいました。絞り加工とは平たい板を回転しながらヘラで抑えて茶碗のような形状にする加工です。九州工場では牛舎、鶏舎等の畜産用の金物を製作していますが近い将来半導体分野の製作を手がけることや本社は宇宙開発事業団の依頼でH2ロケットの先端部分を製作予定であること等普通では知り得ないことをお聞きしました。

御礼を述べて帰ろうとすると「遠くから来ていただきありがとうございます。これはつまらない物ですが」と言われご自身が作られた横浜の風景が刻まれた金属製のマグカップを戴きました。それから毎回訪問の度に異なったアイデアが施された品々をいただきました。ある年、品物でなく1冊の本を戴きました。「これは私の支えとなっているバイブルのようなものです」と言って手渡されました。その頃は私は本どころか新聞も読む習慣がなかったので毎回の感動の品物と違った思いでバッグに仕舞い御礼を言って帰りました。

帰り便の機内で本のタイトルを改めて見ると、近江兄弟社社長岩原侑著『足で訪ねた一万軒』（近代経営社出版）でした。私は表紙を開き読み始めました。近江兄弟社はアメリカ人建築家Ｗ・Ｍ・ヴォーリズが近江八幡市に建築事務所を開設し大丸心斎橋店や大同生命ビル、同志社、関西学院等の設計をしました。またメンソレータムの国内販売、病院、出版社、近江兄弟社中学・高校等をキリスト教精神を基底に設立したがヴォーリズが亡くなった後、会社更生法を出して再建することになります。著者は高校の数学教師赴任後記念病院医事課、㈱近江兄弟社管理部長を務め会社が倒産時に再建のため社長を引き受けると書かれていました。

通常機内では音楽を聴くか眠っている私が引き付けられるように先を読み進めました。隆盛を誇った近江兄弟社であったが銀行から再建は99％不可能と言われる。その最大理由はメンソレータムの販売がアメリカ側から契約破棄の通告があり、著者は契約継続のためアメリカに行くその道中に妻が亡くなるという苦難が重なる。そこで創業者の近江氏は、日本への思いに立ち返り「メンタームム」と商標を変え日々自転車による局地作戦で薬局を1軒ずつ訪問して奇跡の企業再生を成し遂げる凄まじい内容が縷々書かれていて感動で涙が止まらない衝撃でした。その後この本は何度も読み返しました。

どんな境遇にあってもあきらめない気持ちと行動を起こす大事さを学びました。母校西南学院のシンボルである赤レンガの講堂と私が毎週通うルーテル博多教会がヴォーリズの建築作品であるのを知ったのはそれから後のことです。

五、縁尋奇妙

主な取扱い商品は一般鋼材の販売ですが、その他に鋼板をお客様の指定寸法に切断して穴を開ける加工、H型鋼を半分に切断するカットT型鋼を製作していました。33歳頃サッシメーカー様より山型鋼を切断して不等辺山型鋼の加工依頼がありました。鋼材の切断方法には何通りかありますがいずれも切断時に熱が発生して歪（曲がり）

が発生するので無理とされ誰も試みたことがなかったのです。正確に申しますと製作できないことはないが歪を修正する加工コストが高く採算が合う加工方法がなかったのでした。

そこで、これを可能にするために歪が極力出ない切断方法を考案しました。お客様へご依頼の加工を試作して納品したところ価格と製品精度で大変喜ばれ正式受注できたのです。これは学生時代に習得した、やればできる・方法は必ずあるという考え方でできました。

私はこの加工商品を「Cutting Shapes ロール（型鋼を切断して延ばす造語）」の頭文字から「ＣＳロール」と名付けました。この製品はそれまでの努力が実りお客様より支えていただき毎年少量ながら売上げ実績を伸ばしていました。私はＣＳロールは21世紀に必ず必要な加工になると根拠のない自信があり、サッシメーカーさんに喜んでいただいた反応は鋼材販売ではいくら売上げても得ることがなかったお客様の喜びを感じました。

それを父や兄に相談してこの商品のパンフレットを作成して拡販したいと申し出ましたが「そんな加工が売れるならとっくに他の加工メーカーさんが考えている。だからこれまでやらなかったのだろう」と一蹴されました。そこで公私ともにお世話になっていた㈱紙資源（大津正和社長）様の顧問税理士で月に一度経営勉強会でお世話になっていた永野豊税理士（故人）に経緯を話してどのようにすれば納得してもらえるか相談しました。すると相談の回答でなく「照明ちゃんは営業できるのかね？」と聞くのです。「はい、営業が最初で製造、工程、配車、配送をしてきました」と答えると「それなら会社を創って自分で売ってみたらどうだ」と予想外の回答が返ってきたのです。私のビジョンは「兄を支え日本一のナンバー2になり会社を成長させること」でした。そのことを中学・高校の同級生で同友会を紹介していただいた木村敦彦君に相談すると「テルアキやってみないか。たとえ失敗しても親父さんや兄貴さんが見捨てはしないだろう」と背中を大きく押してくれたのです。経営者になることはそれまで微塵も考えたことはありませんでした。

１９９２年（34歳）の４月７日に父と兄の援助でシーエススチール有限会社を設立いたしました。自分の意思と異なる不思議な巡り合せと出会いで経営することになりました。もし起業していなければ私の人生は現在とは大きく異なった環境だったでしょう。そして何よりも、起業20年後に「三次元理念成文化プログラム」を発見して出版することはありませんでした。人生はまさに縁尋奇妙です。

六、日本初メッキ対応鋼管

起業後それまでのビジョンが変わりＣＳロールを世に広めるという志でサッシ業はじめ、用途がありそうな製作金物業等の方に加工説明を行いました。ところが３ヶ月間毎日営業しましたが父、兄が言う通りお客様の反応はいいのですが注文には至りませんでした。このままでは志どころか経営が継続できない。困り果てた時に学生時代に営業開拓した筑豊地区のお客様から「貴方から鋼材を買ってあげる」と言われ、また信号電材㈱糸永一平専務（現会長）に相談したところ、「鋼材は買えないが鋼管なら買ってもいいよ」と救いの手を差し伸べていただきました。この時の温情は生涯を通じて返さなければならぬと肝に銘じました。かくして運転資金は何とかまかなうことができ経営を継続できたのでした。

ある日信号電材様に訪問したときのことです。製造関係者が集まり困惑した顔で腕組みして床にある鍍金（メッキ）製品を見ていました。責任者に何があったのか尋ねると、「明日納期のこの標識用鋼管柱に鍍金焼けが発生して製品出荷ができない」と言われました。「鍍金焼けですか？」と語尾を上げて同調ともとれる質問をしました。「鍍金が異常付着してこの製品みたいに灰色になって外観が悪くお客様が受け取ってくれないのだ」と言います。続いて「どうして鍍金焼け現象になるのですか？」と聞くと、誰もわからないと言われました。「それでは鍍金焼けが出ない鋼管があったらいいですね」と悪気なく口に出すと、「そんな鋼管があったら全部お宅から購入するよ」と吐き捨てるように言われました。私は「誰もわからない」という言葉に反応して、それから鍍金焼けの原因を日々調べました。

調査していくうちにA社の鋼管だけが鍍金焼け現象が出にくいことを突き止めました。国内全メーカーの材料検査証明書（ミルシート）を数種類取り寄せて化学成分や機械的性質を1項目ごとA社のミルシートと毎晩突き合せ検証しましたらSＩ（珪素）の成分表示が「ＴＲ」と記載されているのが目に止まりました。このことをA社の福岡営業所に出向いて質問すると「企業秘密で教えられない」という回答でしたのできっとこの化学成分SＩがキーであると仮説を立てました。続いて鍍金加工でお世話になっていた有田工業㈱夏井部長（当時）を訪ねて「鍍金焼けの原因は珪素に起因するのではないでしょうか」と言いますと顔色が変わり「よく調べられましたね。詳細は言えないがご推察の通りです」といつも明るい方が低い声でうなずかれました。

あらためて珪素に絞って各社の数値を対比しますとA社はＴＲもしくは数値が1か2と表示されており他社はすべて15～20の数値傾向になっているのを発見して思わず「これだ」と叫びました。さらに専門的な資料を集め新日本製鐵㈱九州支店技術担当吉光国正（当時）様と面会して鍍金焼けで顧客が困っている現状を説明して含有珪素1もしくは2の材料で鋼管を製造していただきたい旨を熱く語りました。すると資料を預かり後日返答しますと言われました。２、３ケ月した頃来社され「今回の資料は製鉄所も承知していました」とのことでした。量的な制約はつけられましたが信号電材様はじめ多くの同業者が購入して喜ばれ我社の販売数量も年々伸びました。

５年後に他の鋼管メーカーも同様の仕様に追随して２０００年ごろ国内標準仕様となりました。ＣＳロール同様過去誰もやったことがないからという理由で不可能な事はなく方法があるとあらためて実感しました。

七、阪神大震災と耐震加工

新日本製鉄様と鋼管製造過程が把握できるオンラインシステムのＳＣＭを接続していただき販売は毎年堅調に伸ばせました。また１９９５年に発生した阪神大震災の復興需要で建築業界は活況を呈しつつありました。我社の鋼材販売もそれに伴い売上が上がっていました。しかし会社設立本来の目的であるＣＳロールの加工販売は５年経っても相変わらず鳴かず飛ばずでした。

点滴石を穿つ如くＣＳロール加工の説明営業を毎日続けました。ある日佐賀県にある技術力の高い鉄骨メーカーよりＨ型鋼の片辺を切断してカタカナの「ユ」の形状に加工可能でしょうかと問い合わせがありました。ＣＳロールの出番がようやく来たと喜んで試作をしましたが切断後の仕上げに時間がかかり採算に合わないと製造責任者から申し出がありました。切断面が大きく仕上げ加工に相当の時間を要していました。残念ながら加工のお断りに先方へ足を運ぶことにしました。技術部長にお会いして加工内容を説明してお断りの話をした後初めて見る加工形状ですが用途は何ですかとお聞きすると建築耐震用に使われコンクリートを注入するために片辺を切断するだけということでした。「それなら10ミリ残して切断すれば、ほとんど仕上げ加工の手間が要りませんがいかがでしょう」と提案するとまったく問題ないとの回答で拍子抜けしました。

大手ゼネコンのご依頼で建設省（現国土交通省）に耐震鉄骨ブレース新工法の認証を得るための加工試作だったのです。その後この工法に私が提案した10ミリ残して切断することが標準化され主に学校校舎の耐震工事に採用されたのです。１９９８年の夏に大量の加工依頼を九州各地より受注しました。工場内は連日足の踏み場もない状態で、早朝から夜遅くまで加工対応に追われました。もし先方へ訪問せず説明をしていなければ加工の大口受注はなかっただろうし、あるいは当初指定された形状で採算が合わない加工を強いられていたでしょう。

香椎第２中学耐震工事

こうして６年目にしてＣＳロール加工が型鋼を水平に加工することが可能であると業界に知れ渡るようになり軌道に乗ることができました。これでＣＳロール加工、鋼管、鋼材販売の３本柱ができましたが日本スピン㈱の濱中社長から「いつまでも一つの商品が売れ続けることはない。予想していない外部環境に耐えるには８つの柱がいる。せめて５つの柱となる商品が会社を安定させるために必要」と教わっていました。そこで新たに開発したのがアートカット加工です。

東京出張時に空港や都内のガラス張りのビルの内側にＨ型鋼にデザインとして大きな穴が数多く開いているのを近くで見ると直径２００～２５０ミリの円形に切抜かれていました。意外にも切断面が粗く良くないのです。これを綺麗に安く早く加工対応可能にすれば喜んでいただけると思いアートカット加工を開発しました。ＣＳロールは安定受注になるまで６年かかりましたが、アートカットはタイミングよくＪＲ九州駅舎のプラットホームの梁

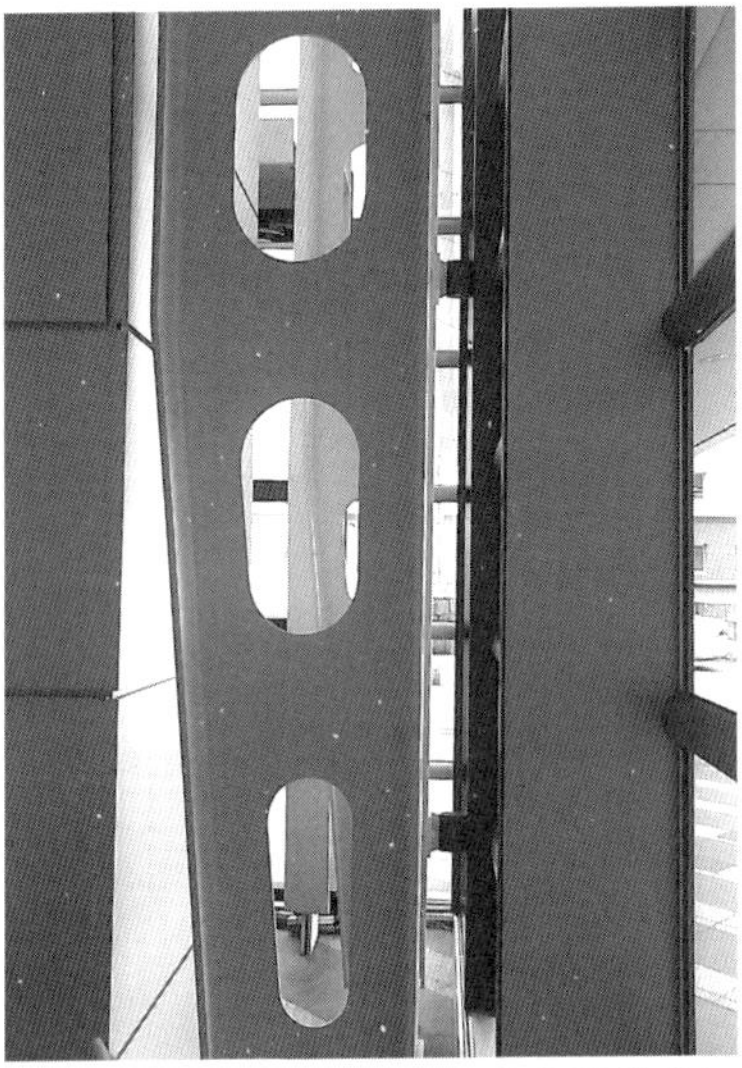

アートカット加工（大阪府立博物館）

や公共工事、高速道の防霧柱等に採用され、2年で軌道にのり我社の2番目のオリジナル加工4番目の柱となりました。

八、台湾で見た中国の変遷

1998年春に信号電材㈱の糸永康平専務（現社長）から、台湾のある工場に社員と一緒に技術指導に行ってくれないかと相談がありました。

かつて大阪府警察管轄の信号機を受注するにはテーパーポール（下部が太く上部が細くなっているパイプ）の材料が必要な時に国内大手商社も実績がなく入手困難な商品を起業前よりお世話になった方を通じて我社が納入することができました。現在は新日鐵住金㈱のテーパー管の製品を取り扱っていますが当時はまだ製造していませんでした。しかし当時の国内メーカーのテーパー管の価格は高くビジネスとして成り立たず困られていました。そのため独自に海外メーカーを探されてそのテストサンプルが最終段階になっており国内製品に匹敵する品質にするようアドバイスを含めての検査依頼でした。台湾製品が検査合格したら我社が扱っている国内製品は今後の受注はなくなるという複雑な思いでお引き受けいたしました。

早速４月末に台北国際空港から車で30分のところに位置する桃園市亀山の新進機電有限公司に製品検査で赴きました。合格製品を製作する任務に対し切断、曲げ、溶接、仕上げ各工程のチェック、そして強度及び製品精度の確認を繰り返し昼夜問わず行いました。

ようやく求める精度に近づきましたが合格までは至らず一旦帰国して５月末に最終検査を延期しました。再度台湾に伺い２度目、３度目、４度目、５度目の検査でようやく合格しました。何とか年内に初出荷ができる目処が立ちましたが国内で使用するにはＪＩＳ（日本工業規格）の鋼板が必要です。台湾最大メーカーＣＳＣ（中国鋼鉄）のＪＩＳ認定製品を使用することで了承していましたが念のため高雄市のＣＳＣ本社工場に連絡していただき単独で工場に行きました。

構内はとても広く車で移動して主に日本、アメリカ向けに生産輸出していることを英語で説明を聞いた後今回使用する日本規格のコイル（鋼板が巻いている状態の物）を見て規格値の確認をして帰ろうとした時に大量のコイルが積み上がった隣のヤードが目に止まりました。「アメリカ向けですか」と尋ねると「いいえ中国大陸向けです」と回答がありました。私は耳を疑いました。台湾海峡で中国と対峙して一触即発の状態にあると国内報道で聞いていたからでした。

新進機電に戻り材料は問題なかったことを伝えた後に通訳の方に中国向けのコイルの話をして私の理解が違っていたか確認をすると笑いながら「松原さんの聞いた通りで間違いありませんよ」と言われ「台湾人は香港・マカオ経由で自由に行けます。中国沿岸部に台湾企業が建設した工場が林立しています。台湾は世界一のノートブックパソコン生産量ですが部品は大陸で作らせ国内で組立てしています。それで中国も外貨が稼げて共生しているのです。台湾海峡で有事が起こることはありえません」と言われキツネにつままれたようで帰国して実情を大手企業経営者に報告するとそんな話聞いたことがないと言われました。しかし４カ月後の10月に国内でも中国経済が取り沙汰され転換時代の到来を報道し始めたのです。新聞報道が必ずしもリアルタイムでないことを認識しました。

九、脱固定観念

バブル経済が崩壊して失われた10年が経過した２００２年には徐々に景気が回復して、製造業はコストを抑えるため大企業から中小企業まで中国に現地法人の工場を建設して安い労働力で生産した製品を日本に逆輸入する企業が増加しました。一方鉄鋼製品の国内需要は伸びず厳しい中、中国鋼鉄が国内五大高炉メーカーである住友金属和歌山製鉄所の上工程部門を分離して合弁会社を作るというニュースが飛び込んできました。つまり世界トップの技術を有する需要がない遊休設備を中国向け需要旺盛な台湾メーカーが活用して日本で半製品を生産して台湾に持って帰るということです。

11月に新会社が設立され日本の鉄鋼史上初めて外国企業に事実上の譲渡がされ、国内は鉄鋼不況が続きました。高炉メーカー川崎製鉄と日本鋼管が合併してＪＦＥホールディングスが設立された1年後のことでした。その時はわかりませんでしたが、これは10年後の２０１２年に新日本製鉄と住友金属が合併して新日鐵住金が誕生するプレリュードであったのです。

さて鋼管の用途は信号・標識柱からパイプライン・送電線や基礎、建築等幅広く使用されています。我社で販売していた鋼管の中で唯一例外に住友金属製の鋼管がありました。シームレスパイプといわれる継ぎ目のない鋼管で、国内外で住友金属の専売製品でした。グラビア印刷用に高価なシームレス鋼管を使用する大口のお客様がありました。

グラビア印刷とは、透明フィルムや樹脂に印刷するものでオフセット（平版）印刷と異なり回転ロール（鋼管）表面を凹状に掘り込んだ印刷部分にインクが染込み繊細な写真や画像に適していると言われています。その用途に適合するのがシームレス鋼管でした。

納入を始めて２、３年した２００５年にシームレス鋼管を我社の取り扱う（継目のない）安価な一般鋼管で代替できないだろうかと考え、研究を始めました。調べていくと、シームレス管は印刷文字を鋼管表面に削った際に鋼板内部にある気泡（キズ）が少ないために使用されているのがわかりました。

新日鐵住金㈱発足時、川原田勉様と共に（1992年）

その形状と同様の一般鋼管はないか国内すべてのメーカーの鋼管を取り寄せて切削加工のデータを取った結果意外にも我社が取り扱っている新日鐵名古屋製鉄所の鋼管が最も適しているという結果が出ました。意外にもというのは、この研究に取り組む前にお世話になっている新日本製鐵㈱九州支店鋼管技術の川原田勉マネージャー（当時）に相談に行って「弊社のシームレス管でも印刷用には適していなかった。普通鋼板を成型したパイプでは用途として難しいでしょう」とお聞きしていたからです。

かくしてお客様の需要に合致した鋼管をコストダウンして日本で初めて用途を変更可能にすることができました。これには後日談があり1年後に国内の鉄鋼製品が大幅に値上がりしましたが我社は逆に納めていました鋼管がお客様から大変喜ばれそれまでの扱い量の3割増しの受注をすることができたのです。

十、ロゴマークと二枚名刺

現在使用している我社のロゴマークは設立時は左記のようなものでした。我ながらいいでき栄えだと気に入っていました。ある日シアンデザインマネジメントの有吉みよ子代表とお会いして名刺交換をした時に「どんなお仕事をされていますか」と尋ねられ「鉄鋼関係の販売と加工をしています」と答えると、「失礼ですがこのロゴマークではどんなお仕事かわかりませんね」と言われ大変ショックでした。そう言われるとそれまで数回「スチールデスクや家具を扱っているのですか？」と聞かれたことを思い出しました。

私は悔しい思いを横において「それでは弊社らしいロゴマークを考案していただけませんか」と依頼をいたしました。後日提案いただいたロゴマークを見て驚愕しました。シンプルかつ我社を表現したものでした。それ以来章頭のようなロゴマークに変わりました。併せて我社で開催する年に1回の経営計画発表会の看板（87、２０５ページ）や使用する各種封筒、名刺のデザインも変更して現在でもほとんど変わることなく使用しています。ただし名刺だけは数年後二枚タイプに変化していきます。確かにロゴマークと社名・住所のみでデザインされたシンプルでよいものでしたが取扱い商品やその他の情報等が新たに増え刷新する必要がありました。

旧ロゴマーク

きっかけはホームページの作成です。２０００年まだ世の中ではホームページに馴染みが少ない頃でした。名刺に文字を書き加えるとデザインされた形態が崩れるので名刺サイズの紙にホームページアドレスのみを表に大きく記載して裏面に「ホームページをインターネットでご覧下さい」と表記しているカードと名刺を一緒に渡していました。

そこでこのカードと名刺を合体してみてはどうだろうかと考え作ってみました。１面は従来の社名、住所、名前の表記、２面に営業品目、３面に1行大きくホームページアドレスを表記しましたが、フォントが異なりバランスが悪く違和感があったので同じ大きさのフォントに合わせると大部分の余白が生まれました。

その頃台湾やタイの輸出入の仕事で使う英語表記の名刺が別にありました。そこで3面の下部を日本語表記にして1面のその部分を切り取って表面は日本語が見えるようにしてその上に英語表記の名刺文を加えました。そうすることで1枚開けると3面に外国でも使える英語表記の名刺になりました。そして4面（後面）に所在地図と遊び心で緯度経度とスケール（目盛り）、フェイスブックページの表記を加えました。ロゴマークはデザイン専門家に変更していただきましたが名刺は自らのアイデアで創作いたしました。初めてお会いした方にはかなり印象に残るようです。顔を忘れた方でも「以前二枚名刺をお渡しした者です」と言うと必ず思い出していただけます。もちろん二枚名刺にすれば良いかといえばそうではないようでいろんな方が我社の名刺を参考に作成され使用されますが上手くいかずほとんどの方が元の名刺に戻されているようです。現在も名刺の紙質や形状、情報等を加え毎年更新しています。

第3章 暗中模索の経営

一、経営計画は理念ありき

1987年福岡県中小企業家同友会（以後同友会と称す）に同級生の木村敦彦君から紹介され入会しました。私は経営者になるつもりもなければ会社を起業するなど大それた考えは毛頭ありませんでした。会内には尊敬する素晴しい経営者がきら星の如く輝いて遠くに見えていました。㈱やずや矢頭宣男社長（故人）、岩田産業㈱岩田陽男専務（現会長）、長谷川製菓㈱長谷川常雄氏（イギリス在住）、㈱美紀屋中村秀徳会長等々の先輩経営者が多数所属されていました。

運命とは不思議なもので図らずもシーエススチールを創業することになり当初は父、兄より厳しい条件と制約が課せられました。起業して2年が経とうとする2月末にようやくそれらの条件が外れ正式に父から会社経営の了承を得ました。それまで無我夢中に手探りで経営をしてきましたので我に返ると決算書どころか何も知らないことに気づき航海不能の船の状態でした。これからどのように「会社経営」をしていくかという問題に直面してその時に先述した尊敬する経営者の方が異口同音に同友会の「経営計画セミナー」で経営手法を学んだという話を思い出して藁をも掴む気持ちで即、セミナーを受講したのです。

そこで初めて経営方針、計画、理念の策定方法や財務諸表の見方を学びました。受講後直ちに経営計画書の作成に取り組み第三期の始まる直前に何とか間に合い第1回経営計画発表会を設立に際して大変お世話になった永野税理士、両親、家族、取引銀行（当時）２行と社員さんを招いて福岡市内のシティホテルで開催いたしました。以後毎年４月に開催しています。

激励のスピーチ
㈱やずや創業者矢頭宣男社長

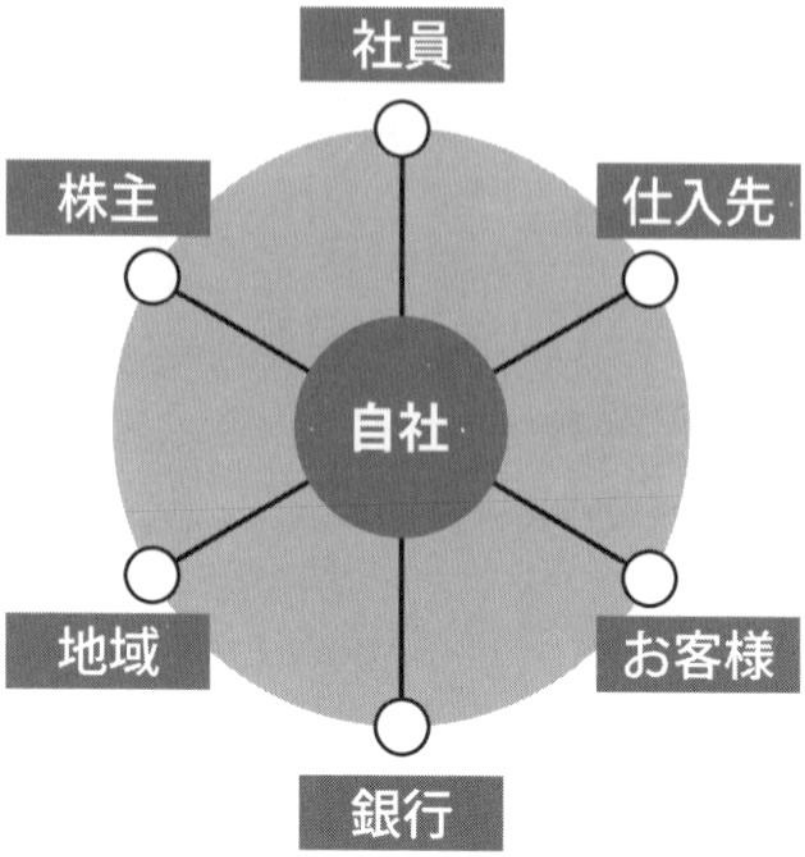

６種のコミュニティ図（Ｙ軸）

計画書の内容は現在のようなオリジナルなものとは異なりほとんどが先輩経営者の真似をして作りました。意外にも発表後永野先生や金融機関から高評価をいただき経営の羅針盤を手にした嬉しさと何とも表現し難い暖かなふんわりとしたものに包まれた感じでした。

経営方針や目標が明確になり霧が晴れて先が見えてきたのですが経営理念が腑に落ちず取ってつけた感じがして見直しをするのですがなかなかできずに悶々としていました。

ひと月ぐらい理念成文化に苦悩して考えていたある夜不思議なことに湧き出るように理念の文言が出てきて現在の理念の原形ができたので

す。苦悩の末に「三次元理念の考え」であるX、Y、Z軸の統合ができたことがあとになってわかるのですが、ロジカルな考えはその頃にはまだなく我社独自の理念ができたことにただただ感激しこれで良い会社・強い会社になれると根拠もなく確信をしたのでした。

我社の目的は、「社員満足を通して顧客満足ひいては地域社会に貢献すること」というのは当初より明確になり現在に至っています。

それまでの売上至上主義、利益優先から基軸が大きく変わり永野先生が所属している税理士法人の考えで企業を取り巻く六種の利害関係集団である社員さん、仕入先、お客様、金融機関、隣近所はじめ地域、株主にとってなくてはならない必要とされ、頼られる企業となり全社一丸となって目指していく。そのための手段として目標を立て、企業活動を行うこと、社員はじめ我社と関わりある方々と共に尊び、共に育み、成長を目指す理念が誕生したのです。

二、理念浸透に説明文が必要

苦しんだ結果他社の真似でない納得のいく腑に落ちる経営理念ができたのは大袈裟でなく理念の神様が降りてきたと思いました。10年後に三次元理念作成プログラムを発見したときは驚嘆とともに鳥肌が立ちました。それらについての詳細は次章で述べます。

冷静になって社員を見渡すと経営理念を納得していたのは経営者の私だけで社内に浸透しておらず社員さんの立場を尊重して考案した理念なのに何故浸透しないのかわからず作成時と違った意味で悩み続けました。

1999年に岡山で同友会の全国大会が開催され参加いたしました。そこで「経営理念で我社は変わった」というテーマの分科会を選択しました。経営理念に関することについてはいろいろと研究して学んできましたので内心期待せずに参加したのです。

案の定話を聴いているとほとんどのことは体験して知っていることでした。ところが終わりに近づいた頃「経営理念が社員さんになかなか浸透しなかったので経営理念の説明文を作成して配りましたら徐々に浸透してきました」と報告者が話され続いて「私たち経営者ならびに準ずる方はある程度学んでいますので言葉の意味が理解できるのですが、意外と社員さんはわからないということがわかりました」と言われたのです。

報告者とは業界が違うし我社の経営理念は平易な言葉を使っているのでそれは我社にはあまり当てはまらないだろうと考えました。

会社に戻り全国大会で学んだことを整理していると「経営理念の説明文」が目に止まりました。書類を破棄しようと考えましたがどうせダメで元々だからと思い理念の説明文を作ってコピーして月末の社内全体会議で配布して内容を短い時間で説明しました。

すると幹部の一人が「真摯な態度とは真正面から受け止めることなんですね…」ま

た別の社員は「豊かな生活を実現するとは私たち一人ひとりの人生観（目標）に基づいた夢や願望を実現してワクワク、ドキドキ感動できるという意味なんですか」と発言があり私は顔を強張らせ握りこぶしで怒りの感情を抑えながら「よく理解できたね」と言うことが精一杯で全国大会の報告者を見下げた恥ずかしさやこれまで何も伝わっていない現実に落胆して自分の不甲斐なさを痛感しました。朝礼では毎朝唱和して会議などで毎回経営理念について耳にタコができるくらい何度も話してきましたがまったく理解されていなかったのです。その真実を突きつけられ愕然としました。

理念ができてすでに4、5年が経とうとしているのに伝わらないのではなく意味がわかっていなかったのです。毎朝理念を何度唱和しても経営理念を高級な額縁に入れて眺めても理念の浸透はできないことがよくわかりました。それ以来経営者からの考えで一方通行の理念伝達ではなくどのようなことが社内にとってより良くなることか多くの事に取り組み深めるようになったのです。

三、一座建立の職場づくり

起業して2年目（1996年）同友会でお世話なっている㈱ピアノターミナルナカムラの中村司副会長（当時専務）のお父様の葬儀に参列した時、隣に座っていた丸岡構造設計の丸岡功二さんから「中村さんも茶道をされています。一度見学に来ませんか」と声がかかりました。また、兄の親しい友人樽見明さんから起業時に「照明さん、経営者は茶道の嗜みがあると経営の役に立ちますよ」と言われていたのですが会社を設立して間もないしとても自分の立場で茶道などできる余裕も身分でもない。ただ一体どんな人がされているのだろうという興味本位でその後、茶室（お稽古）を一度だ

茶会の拝見

け冷やかしで見学することにしました。そこで不思議な体験をしたのです。

その頃私は寝ても覚めても仕事のことからひと時も離れることはなく職場を離れて友人と会っている時も家に帰っても常に仕事のことを考えていました。

2時間くらいしてお稽古が終わり挨拶をしようとした時、私は心の中で叫びました。「アッ、稽古中は仕事のことを考えていなかった！」。

その時タイミングよく中村さんから「来月も来て稽古されますか？」と尋ねられて何と私は意に反して「は、はい」と答えてしまったのです。

翌月の見学で前回は断れなかったが今回ははっきりとお断りしようと決めて参加しました。すると前回同様に稽古中は仕事のことを考えていないのです。今回は意識して参加していたにもかかわらず仕事を忘れていることに驚き茶道は頭の切り替えになるかもしれないと感じそれ以来茶道を学んでいます。十三世宗実家元より師範免除と庵号「見徹庵」十二世宗慶家元より宗号「宗照」の名を賜り、私のライフワークの一つに加わりました。

茶道を通じて知りあった方も多くいて中でもお仏壇の㈱はせがわ長谷川裕一相談役は公私共にお世話になっています。

茶道で学んだことは日本の衣食住に深い関係があることや着物の着方や仕舞い方等々多くあります。また「一座建立」という茶会の言葉を知ったことです。これは「一期一会」という言葉を使った人で山上宗二《やまのうえそうじ》という方が言われた言葉です。千利休に仕えていた茶人で豊臣秀吉の小田原征伐の後、秀吉より師匠利休より早く切腹を命じられたといわれています。

この言葉の意味は茶会において主催者である亭主や招待されている中で偉い方である正《しょう》客、次《じ》客だけで茶会が成り立つのでなくその他のお客様や茶会を開くために庭を手入れしたり裏方の水屋で

遠州流の仲間と長谷川裕一さん（前列右から３人目）の還暦祝い

お茶碗を用意してお湯を沸かしたりお茶を陰点《かげだ》てしてそのお茶を運ぶ人達等すべての人が相まって開かれるのが茶会である。各々の役割があり、誰が偉いとかそうでないとかいうことではないと説かれています。

このことはまさしく会社経営においては社長が上で社員は下でなく大口のお客様もそうでないお客様も同じように接する企業風土をつくり上げたいと肝に銘じました。それ以来「一座建立」は私の座右の銘となり弊社基本姿勢や理念作成に大きな影響を与えました。理念の根幹は、誰一人欠けても素晴しい業績や安心、信頼される企業になれないことです。そのことから我社で「共尊」とは社員同志が他者を尊ぶだけでなく他者に感謝して行動するという定義になりました。

四、凄い、マイッタ、絶句

同友会では異業種の尊敬する経営者の吉田設計㈱吉田豊博さん（故人）や岩田産業

㈱岩田陽男会長、㈱紀之国屋中村高明会長等多くの出会いがあり企業経営のご指南をいただきました。

その中のお一人に㈱ポポロン企画の末政ヒロ子さんがいます。大手企業の経営指導実績で定評があり著名な経営者から信頼されている方です。九州電力松尾新吾相談役を紹介していただいたのも末政さんです。

ある日電話で「会わせたい人がいるので夕食でもいかがですか？」とお誘いがあり末政さんからのお誘いは滅多にないので二つ返事で承知いたしました。後日指定の場所に行きますとその会わせたい人が席に座っていました。その方がどういう方か聞いていませんでしたがご挨拶した後に紹介されて何をされているかを知りました。

その方は㈱クオリティマネジメントの矢部廣重先生で「喜びと感動でビジネス革命をする」と紹介されました。事前に何も知らされておらず商品の販売か紹介話かと予想していました。「喜び」と「感動」とごく普通のことで何故ビジネス革命ができるのだろうと不思議でした。その研修費用は1回10万円、10回シリーズで１００万円と言われて驚きました。内容の価値があるかないかはその時点では推し量る術はありませんでしたが末政さんが言われるので間違いないと思いその場で受講を即決いたしました。間髪入れずに回答したのが良かったと思います。検討して回答しますと言っていましたら受講してなかったかもしれません。

後日知ったのですが水創りのパイオニア、ゼオライト㈱河村恭輔会長、勝美社長や㈲一柳の納富輝子専務ら多数のすばらしい経営者が既に学んでいました。

研修初日に「名前の由来」の作成にいきなり取り組みます。それは目から鱗の体験で自分の名前の由来を考えたこともなかったのに人様の名前の由来を考えるのです。3時間かけてようやくできました。それをお渡ししますと相手が喜ぶわけです。

貰った方に喜んでいただくことに加え作成して渡した私も嬉しいのです。そして相手が喜ぶ姿を見てまた嬉しくなるのです。喜びの好循環ができるのです。そうか、仕事も代金を戴くためにだけでなく喜んでいただき、喜ぶ姿を見て嬉しくなるようにすることなんだとあらためて「名前の由来」から気づきました。

第二講ではお渡しする方の名前の各文字を文頭に始まる詩を作成する「名前のポエム」で、これは世界で一つのオリジナル作品です。名前の由来に続いてこれを同じ相手にお渡しします。これまで作品を２００名を超える方にお渡しいたしました。回数が増すごとに喜ばれ、喜びを超えてほぼ「驚き」の表現をされます。そして第三講、第四講…と想像を超えた作品を作りお渡しするのです。これまで数多くの感動体験をいたしました。大変お世話になっているお客様に出会った頃作品をお渡ししました。残念な事に数年後ガンでお亡くなりになられました。後日ご遺族様にお聞きしたところ、生前いただいた作品を何よりも大事にされていたので棺に名前のポエムを入れていただいたとの事でした。言葉には言い難いものを感じました。

矢部先生から不満を取り去れば満足になるがそれは感動を与えることではない、感動のレベルは「凄い」「参った」最上級は「絶句」であると教えていただきました。私は経営も同様に感動を与え喜んでいただきそして此方も喜ぶことが肝であることを学びました。このことは理念浸透において必須であり実践をいたしました。

五、二宮尊徳翁の例話

父が亡くなった1999年の夏に同友会で親しくしていた㈱大江建築設計事務所大江義夫様からの薦めで福岡県福岡市倫理法人会に入会いたしました。

最初はお付き合いで入会したのですが、間もなくして朝礼研修セミナーに誘われ幹部社員2名（総務部長と工場長）に無理して参加していただきました。すると翌日より「職場の教養」という朝礼雑誌を用いて「活力朝礼」を始めたのです。これまでと異なるイキイキとしたメリハリのある朝礼に変わったのです。

それで会活動はどんなことをしているのか知るために初めて早朝6時から開催している倫理法人会経営者モーニングセミナーに参加しました。そこで使用するテキスト本が「万人幸福の栞」です。その中の83ページに書かれている二宮尊徳先生が弟子に示した「たらいの水」の例話として「欲を起こして水を自分の方にかきよせると、向こうに逃げる。人のためにと向こうにおしやれば、わが方に返る」と書かれていました。続いて「金銭も、物質も、人の幸福も亦同じことである」。これには参りました。尊徳翁からは誰でもわかる「たらいの水」の現象を引用して普遍的な真理を平易な言葉で教えてくれる凄さを学びました。その他にも家庭、職場、企業経営のことや人、物、自然に対することが網羅されておりそのことを実践すると正しさや成果を得られたのです。特に理念浸透において人間関係は必要だということはわかっていてもどのようにすれば良いコミュニケーションが築けるかを教えていただきました。

その中に「美点発見」と「物への感謝」があります。

まず前者の「美点発見」は、人は完全ではなく不完全です。もちろんこれは悪いことではなくそれを理解することが大事です。また人の評価をする時にはどうしてもできていないことや悪いところが目につきやすいのです。それを良いところやできているることにフォーカスしてその方の美点を１００個紙に書いて渡しましょうというものです。

これをやってみますとその方のわからなかった素晴しさや能力に気づきそれまで見ていなかった部分を発見できます。もちろんいただいた相手も自己重要感が高まり認めていただいたということで喜びます。ときには感涙で言葉をなくす方もいます。自分のことを見ていただいた喜びと認めていただいた気持ちになるのです。私はその姿を見て嬉しいことに加えたった1枚の紙でこれだけ喜んでいただけることを知りそれまで見ているようで見ていない、知っているようでわかっていなかったと反省します。そしてその方をできないこと以上にできていることを見ようと変わります。これはコミュニケーションが相方向であることを体感できました。

後者の「物への感謝」は、工場にある機械や倉庫にある商品を単なる物として見るのではなく、物は生きているという考えです。機械を大事にすることはもちろん商品にも挨拶や「元気か」「今日もよろしく頼むよ」などの声掛けをするのです。これを続けると不思議なことに故障やケガが減り商品が売れるようになったのです。

信じられない方は素直に実行してみてください。こうして理念の浸透にコミュニケーションとあらゆる物への心持ちが重要だとわかりました。

六、砂漠植林と自然へ畏敬

２００4年7月、中国内モンゴル自治区の恩格貝《おんがくばい》においての植林活動に参加しました。この活動は日本砂漠緑化実践協会のプロジェクトです。鳥取大学遠山正瑛農学部教授が退官後に鳥取砂丘の農業実績を携えて一人で始められました。夏場日中は50℃を超え冬は寒冷地になる厳しい気候地帯にポプラの苗木を植えるのです。現在では信じられない光景が広がっており３００万本を超える森に動植物が生息し、湖まででき、農業地帯に変貌しています。

夕食を終え天空を仰ぐと周囲に電灯の灯りがなく日本では見たことのない星が降ってくるかのような星空がひろがって天の川も肉眼で鮮明に見えました。翌日もっと美しい星空を期待して遅い時間に空を見上げると雲がかかっていないのに昨日のように星が見えないのです。それに代わって見たことのない明るい月がまるでグラウンドを照らす照明灯のように眩しく光っているのです。この植林活動は２００２年に長男庸仁が参加してその感想を聞いて私も参加したいと思いました。前日の星空も素晴しかったですが月夜の灯りの美しさに初めて感動を覚えました。炎天下での植林作業の疲れも癒されこうした天空ショーの光景は素晴しい体験でした。

植林には多くの水を必要とするので砂漠での水の確保が大きな課題となります。日本製の強力な水中ポンプに延々とホースを繋ぎ水源から持ってくるのです。

現地に行く途中に黄河の上流を横切るのですが水量が明らかに少ないのです。中国の直面する問題は国家体制や経済よりも水資源ではないだろうかと感じました。

話を戻します。植林のために次に大変なのが深さ１ｍの穴を掘ることです。砂を掘るのだからそんなに労力はかからないだろうと思われますが、砂をスコップで掘ると横から砂が崩れてきて穴を塞いでしまいます。いっこうに深く掘れないのです。そのため現地の係りの方が前もって掘る場所に水を浸してくれています。そこは植林位置の目印でもあるわけです。つまり砂漠の植林は植栽後よりも事前に多くの水を要するのです。水を浸した砂はまるで冷凍庫で冷えたアイスクリームをスプーンで一さじすくったように固まっていて深く掘っても崩れないのです。

スコップの柄が見えなくなると深さ１ｍになります。一人50箇所を目標に掘ります。次は掘った穴にポプラの苗木を植えて埋め戻しする作業です。最後の１本は各自のネームプレートをつけて記念植樹です。この作業が終わる頃には太陽が西に傾いています。

真夏のクブチ砂漠

私は作業を終えて帰ろうとすると老若男女の仲間がそれぞれ記念植林したポプラの枝を摩りながら「元気にして頑張れよ」「風雨に負けるなよ」「今度来るときまで無事に成長しろよ」とわが子の如く愛情を傾けて目に涙を浮かべ語っているのです。その光景を見て直径10ミリの枝に対してかける素直な気持ちを日頃家庭で妻に子供にそして職場で幹部や社員さんにどれだけ愛情を心から掛けているだろうかと猛省しました。そして厳しい大自然の偉大さを感じ、水、空気、太陽の恵み等の自然があるのはあたり前でなく感謝し敬うことだと感じました。翌年次男庸二も参加して親子共通の体験をいたしました。

数年後に砂漠が森になった景色を見に行きたいと願っています。

七、坂村真民先生直筆の理念

倫理法人会に次のような憲章があります。

「倫理法人会は、実行によって直ちに正しさが証明できる純粋倫理を基底に、経営者の自己革新をはかり、心の経営をめざす人々のネットワークを拡げ、共尊共生の精神に則った健全な繁栄を実現し、地域社会の発展と美しい世界づくりに貢献することを目的とした団体である。」

そして活動指針が5つあり、５番目に「自然を畏敬・親愛し、『地球人』たる自覚を深め、環境の保全と美化に貢献する」とあります。まさしく先述の砂漠での植林活動で体験して資源の有効活用や地域清掃に強く反映しています。

この憲章でもっとも大きく経営に影響したことは経営理念が変わったことです。それは文中の「共尊」を初めて見たとき体に電流が流れるような衝撃でした。それまで我社の理念は文頭に「共存共育」としてあり理念の内容から後半の「共育」は合致していたのですが前半の共存の「存」がどうしてもしっくりいかず5年ほど悶々としていたのです。共尊の「尊」はまさしく我社の理念を表現している言葉でした。その時の嬉しさは今でも鮮明に蘇ります。「言葉の内に命があった」と聖書に書かれている通り我社の理念に命が宿り社内に風が吹き込んで多くの変化が起きました。そして摩訶不思議仏教詩人坂村真民先生より我社の理念を書いていただくことになるのです。

それは友人で光陽無線㈱の若松哲司社長から紹介していただいた真柄征侑さんのお蔭です。真柄さんは真民先生の詩に曲をつけて歌ってもよいと許された方でした。あ

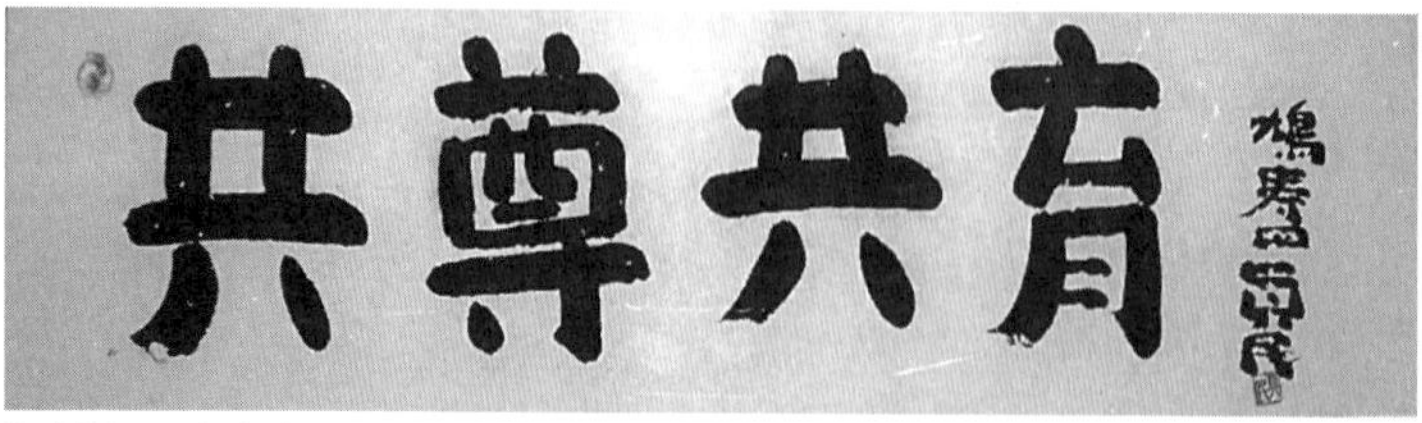

坂村真民先生自筆の我社経営理念（上）と返書（左）

るきっかけで福岡を中心とした地元放送局でラジオのレギュラー番組に出演されることになりました。まだ肌寒い春の会食の場で真柄さんから「今回番組を持てたのは松原さんのお陰です。御礼に何かさせていただきたい」と強く何度も言われるので「それなら今回経営理念が変わりましたので真民先生に書いていただければ幸甚です」と言ってその場を収めました。その後ある夏の日に征侑さんから電話があり明るい声で「先生が書いてくれるそうです」と言われるのですが理解できず「何のことですか？」と返すと「経営理念ですよ」と言われても意味が繋がるまで少し時間がかかりました。こうして我社に直筆の理念が届きました。現在、糟屋郡粕屋町の本社会議室に掲げています。

それからすぐに砥部（愛媛）のご自宅に御礼を送りましたところ後日、二種類の書と左上のような和紙に青墨で返書が届きまし

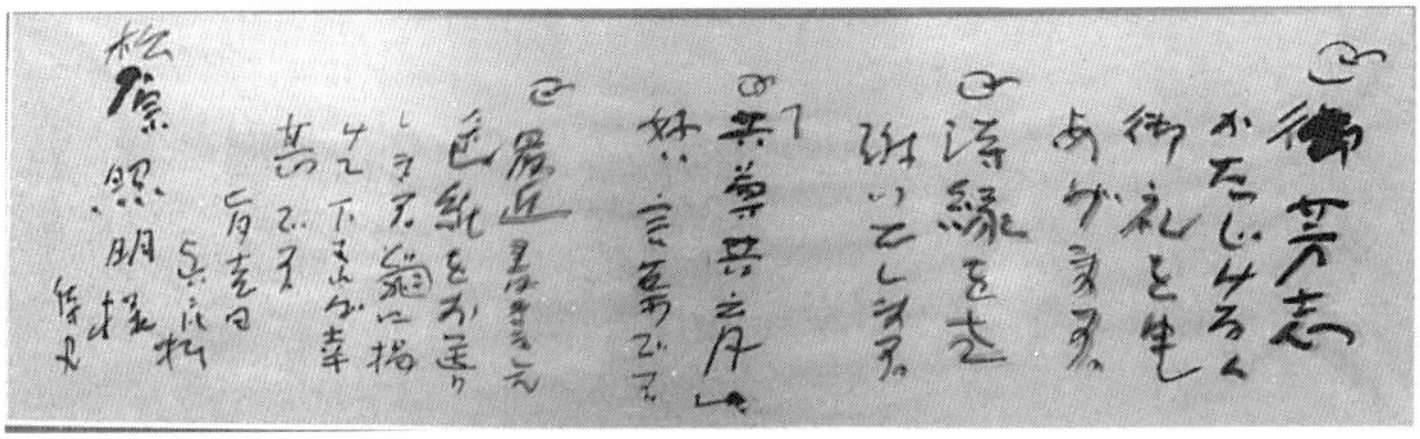

御芳志
かたじけなく
御礼を申し
あげます。
詩縁を感
謝いたします。
「共尊共育」
好い言葉です。
最近書きました
色紙をお送り
します。箱に掲
げて下されば幸
甚です。
真民拝
松原照明様

た。内容を見て驚きました。文中に「共尊共育好い言葉です」と書かれているのです。そうか、もし「共存共栄」であったならば書いていただけなかったのが「良い」でもなく「善い」でもない「好い」という言葉から感じ取りました。心眼をお持ちである真民先生からの返書は大きな勇気をいただきました。

またいただいた二つの書は大きな色紙に一つは「愛」と書かれ、これは岩田産業㈱岩田陽男社長へ本社新築落成祝いに贈呈して社長室に掲げておられます。もう一つは巻頭写真で真ん中に「妙」それを囲むように当時94歳だったのを感じさせない力強い筆で大きく色紙いっぱいに◯が書かれていました。昨年糟屋郡須恵町に完成した新工場の事務所・玄関に掲げています。

本社にある理念の直筆と共に社宝となりました。

八、唇歯輔車

同友会をはじめ異業種交流会の会合で出会い、これまで全国各地で多くの方々とのご縁をいただいて親しいお付き合いをしています。心より感謝します。

千葉県で訪問歯科を初めて開始されたＤＳヘルスケアグループ代表の寒竹郁夫さん(元千葉県会長)、成田空港と都心を結ぶ「ＴＨＥ・アクセス成田」を一日に１４０便のバス運行をされているビィー・トランセホールディングス㈱代表の吉田平さん(千葉県会長)、ともに千葉県倫理法人会でお知り合いになりました。そのお二人から紹介されたのが政経倶楽部連合会でした。

知り合いの政治家はいますが特定の支持政党もなければ特別な思想を持ち合せてい

ませんのできっぱりとお断りしたのです。すると「松原さん、政治＝選挙活動と考えていませんか」と言われたのです。率直に「違うのですか」と聞き返すと「政治のことは政治家に任せておけばいい、経営者は経済のことだけを考えていればいいでは社会はよくなっていきません。これからは多くの課題を抱えた日本を良くするにはどのような政策が取られどのように地域社会を築いていくかを政治家も経営者も互いに学ぶことが必要です」と言われました。

よくよく考えれば私はこれまで年初の税制大綱は積極的に学んできましたが、政策については新聞に載っていても目を通したこともないことに気づかされました。福岡でも各党の政治家を講師として毎月例会が開催されており、そのお一人が山本幸三衆議院議員で将来日本の経済を立て直すわかりやすく素晴しい施策を聞きました。数年後に第二次安倍内閣が唱えた「アベノミクス」でした。政治の勉強だけでなく儒教や聖徳太子、吉田松陰といったこれまで聞いたことよりも素晴しく深い学びの場でありました。講師は主席顧問の林英臣先生でした。先生は松下政経塾一期生で若手政治家

（和泉市長、鎌倉市長、美濃加茂市長等）政党を超えて指導されており、約100名を超える議員や首長を育て、林英臣政経塾を主宰されています。先生の年齢は私と同じだと後でわかるのですが、とてもそのようには見えずオーラが輝いており低姿勢で誰とも分け隔てなく接していました。先生から東洋と西洋の文明が800年周期で交代する「文明法則史学」を懇切丁寧に解説いただきました。また、先生の考案された「綜学」の中の「原大本徹」は、志を明確に立てることができ感動でした。

「原点」あなたが今あるきっかけ・種は何か。

「大局」業界を取り巻く環境課題はどのようか。

「本気」その現状を変革・打破する気概は？

「徹底」それを実現するためにどのようなことを実践するか。

これらをまとめた「原大本徹」を毛利克彦九州政経倶楽部会長と共に京都で合宿して天命講座で学び作成しました。

また名古屋ではやまと言葉を学ぶ合宿に参加しました。そこでは組織（クミ）の縦と横はクロスした十字形でなく中心（ミナカ）から発生したのがタテ（縦）で、その先端と別のタテの先端を結んだのがヨコ（横）であることを習い、これまでの概念が覆り組織は平面でなく立体になっていることが腑に落ちました。理念体系も六角錐を立面で見ているのであり平面でないことがわかり、理念を伝導（浸透）していくうえで必須なことになりました。このように林先生より学んだ多くのことから経営と政治は切り離すことができない不離一体、唇歯輔車の関係であることを再認識できました。

第4章

情けは人のためならず

一、困難なことに挑む

情けは人のためならずの諺の意味をお尋ねしますと「情けを人に掛けるとその人のためにならないからやらない」「情けは人のためにならない」等々の回答が返って来ます。

正しくは「人に情けをかけることは廻りまわって自分に返ってくるので進んで他人に情けをかけなさい」という意味ですが、意外に前述のように反対の意味に理解している方が多いようです。因みに「流れに竿さす」「役不足」「確信犯」も同様に異なった理解をされている方が多いようです。

実際に情けを人様に掛けると本当に返ってくるという体験がこれまで多々ありました。

第6章で述べる理念伝導感動塾も決して見返りは求めずに行っていますが考えもし

なかった出版をすることになりました。それどころか２冊目など夢の亦夢でした。

これまで人様からの依頼はでき得る限りお受けしました。それは父の教えや学生時代の経験から他の人では難しいことを敢えて逃げずにやって来ました。その結果よい関係を築けました。

同友会青年支部が毎年４月に開催している福岡市中央区の福岡市役所前広場（当時は警固公園）で障がい者と交流のふれあいを目的としたバザーやステージを設けたフレンドシップフェスティバルの第５回実行委員長を務めました。私が40歳（１９９７年）の年で天候にも恵まれ１万人超の参加者で大成功に終わり翌日の朝日新聞、毎日新聞ならびに日本経済新聞紙面に取り上げられました。会場には仕事でお世話になっていた万世鋼機㈱（現ＭＩ万世ステンレス㈱）田中健二常務と共にＪリーグアビスパ福岡の菊川凱夫監督（当時）も来場されていました。

会の終わり間際に田中様から思わぬ相談がありました。「菊川監督がこのような異業種団体が福岡にあるのを知らなかったそうです。企画と行動力に驚いています。つ

アビスパビッグフラッグ

いては、サッカー競技場の観客席いっぱいに広げる幅20m×長さ60mの応援フラッグを作るのを協力していただけませんか」というあまりにも唐突な相談で困惑しました。制作費を尋ねると…「他のクラブの例ですがオランダ製で８００万円くらいかかったそうです」と回答がありました。

　よくよくお聞きすると、Ｊリーグ精神により１企業が出資して応援フラッグを作るのではなく、市民・サポーターを巻き込んで広く募金をしてほしいとのことでした。ところがクラブを福岡に誘致した某団体に相談したところ実現できなかったことを聞いて勢いではなく難しいことだがやってみようと心の中で決めて「わかりました。会の目的とは異なりますので支部全体では難しいですが有志を募ってやってみましょう」と即答しました。その後

フラッグ完成シール

有志でメンバーを募り活動しました。完成までは幾多のドラマがありました。

仲間と共に試合開催日に毎回博多の森競技場に行って試合前後に来場者へフラッグ完成シールとバッジと交換に寄付を募りました。詳細を述べますと本書の目的ならびに紙面に限りがありますので割愛しますが3年半の月日がかかりましたが何とか２００１年秋に福岡市長とサポーターにお渡しすることができました。お披露目でグラウンドに広げたビッグフラッグを見て感涙しました。現在も試合中に観客席いっぱいに広げられ使用されています。当時のサッカー協会会長はＪＲ九州の初代社長・会長の石井幸孝さんでフラッグの完成後にお会いする機会がありそれ以来の親交となりました。

二、初めての公開討論会

それ以降石井幸孝さんと不定期ですが仲間と共に会食の機会がありました。2002年春の会食時に主催者から重大発表がありますというアナウンスに続いて会長は今年6月にJR九州の会長を辞任しますと言われたので相談役になるのかと思いきや「会長は来る福岡市長選挙に出馬します」と言われ拍手と喝采が会場を覆いボルテージが一気に上がったのを感じました。その時点では未だ世間が知らない事を先に聞いた優越感と凄いなあと客観的に捉えていました。現在もそうですがそれまで特定の政党や思想を持ち合せていませんでした。何より選挙運動（応援）とは無関係で経験がありませんでしたのでなおさらそのように感じました。とは言え石井さんが立候補したらこれまでお世話になっているから何か応援できるものがないだろうかと考えていました。

実際に選挙運動が始まり生まれて初めて選挙事務所に足を踏み入れてみると、驚いたことに当然ＪＲ九州が全社を挙げて応援していると考えていましたが職員はじめ関係者がほとんどいないのです。表面では色々と大人の事情？　があるからできないのだろうと稚拙な私は想像をしたのです。しかし本当にＪＲ九州の応援はないという現実を知ったのは選挙オンチの私でも数回訪れると認識できました。

それまで他人事だったのがこれは一大事だと真剣に考えました。

以前読んだ本『陽転思考』の著者でもある小田全宏さんの「公開討論会のやり方」という本の文面を思い出しました。「きっと、石井さんと他の立候補と討論すれば福岡市政をより良くできるのは誰か、有権者に一目瞭然になる。何より市民が公平に立候補予定者の考えを伺う場を作ることが大切だ」と考えたのです。とはいえ公開討論会を開催できるノウハウはありません。

そこで小田先生を知っている大分の友人で介護施設を経営している柿本貴之さんに相談するとすぐに福岡の担当である木村貴志先生を紹介していただき県庁前にある事

務所を訪問しました。挨拶もそこそこにして要件を話して相談しました。内容をお聞きすると愕然としました。討論会は選挙が告示されるとできない、通常開催準備に3ヶ月を要すると言われたのです。告示まで30日を切っていました。それでも藁をもすがる思いで選挙前までの20日間でやるにはどうしたらよいでしょうか？　と必死の思いでくらいつくと、（冷ややかな態度で）あくまでも可能性ですと前置きされ「2週間以内に会場、立候補される方に希望日時と指定場所に来ていただく同意と、何よりも有権者に参加していただく案内、それから1週間で広報ができれば合同・個人講演会という形で開催できるでしょう。これまで短期間で行ったことはありません。そして福岡市長選で過去公開討論会をされた方はいませんので市民の認知度は低いでしょう」とご教示いただきました。これまで誰もやっていないから、時間がないから難しいと言われたことに、生まれながら両親に与えていただいたキーが入りました。「先生、私やってみます」。当然諦めて帰ると予想されていたのにこの答えが返ってきたので木村先生も「わ、わかりました。応援しましょう」とつい言ってしまったと後日談として話されました（笑）。

最初にパートナーにお願いしたのは山中宏一さんでした。公平・公正を旨とする公開討論会をバランスよく運営してくださる方と思ったからです。会場は福岡市中央市民センターで決まり一番難しい各立候補者に全員参加の了承を頂くことができました。奇跡的に短期間ですべてをクリアして当日福岡市長選初めての公開討論会（合同・個人演説会）を会場いっぱいの参加者で開催できました。公開討論会を終えて私は感無量の思いでした。１％の可能性があれば実行・決断する大事さを経験いたしました。

三、福岡を燃えさせた稀代の経営者

企業を強く大きくすることは企業存続のために必要なことです。それに加え、私は関与する周りの方々を幸福にしたり願いが叶うようにできる経営者やリーダーを尊敬・応援しています。先述の石井幸孝様もその一人です。その他に１９９９年多額の有利子負債を抱えていた福岡（現ヤフオク）ドーム・ホテルシーホーク（現ヒルトン）、ダイエー（現ソフトバンク）ホークスの経営を任された高塚猛さんがいます。高塚さんは毎年下位であったホークスをリーグ優勝、日本一に導き平日はガラ空きだった福岡ドーム入場者数をリーグトップの３００万人の動員数を挙げホテルの挙式数を日本トップまでに押し上げて営業赤字80億円から営業黒字30億円にしました。残念なことに晩年は刑事事件で訴えられ各事業から手を引かれました。

ホークスファンから選手との契約をめぐり酷評され、それまで蝶よ花よと持ち上げていた経済界も蜘蛛の子を散らすような対応でした。是は是、非は非です。これまでの功績もすべて打ち消されるように新聞で取り上げられ福岡を愛する市民の一人として寂しく感じました。もし高塚さんがシーホークホテルの経営をされてなかったら、ダイエー本体が倒産する前に整理の一環としてホテル事業の閉鎖は避けられず、ホークス球団も40年前西鉄ライオンズが西武・所沢に移っていった辛い記憶の再来になっていたでしょう。高塚さんが多彩な企画で福岡から九州、日本全国にファンを増やしたホークスは現在のソフトバンクホークスに引き継がれています。

所属する会のセミナー講師依頼で初めてお会いして以来、福岡県茶道文化連盟副会長をされていたことからお会いする機会が増え何かのときに「弊社では毎年経営計画発表会を行う」ことを言いましたら「来年はシーホークホテルでやりなさい」と言われました。社交辞令かと思っていたら松原昭彦課長（現フェニックスリゾートホテル副本部長）が翌日弊社にお見えになり「予算は如何様にもしますので、使ってくださいと高塚から申し受けています」とのことでした。少し分不相応と感じましたが創立10周年記念と経営計画発表会をともに社員とお客様を招いて開催いたしました。

また、福岡市西倫理法人会が設立した時に会場の相談をしましたら、二つ返事で了承をいただき日本一の会場でモーニングセミナーを開催することができました。

閑話休題、高塚さんが各事業を引かれた後も福岡にある某企業の顧問を務められ、月に一度来福され会食する機会がありました。裁判で嘆願書を書いていただいた健康食品経営の㈱やずや矢頭美世子会長より高塚さんとの会食をセッティングしてほしい

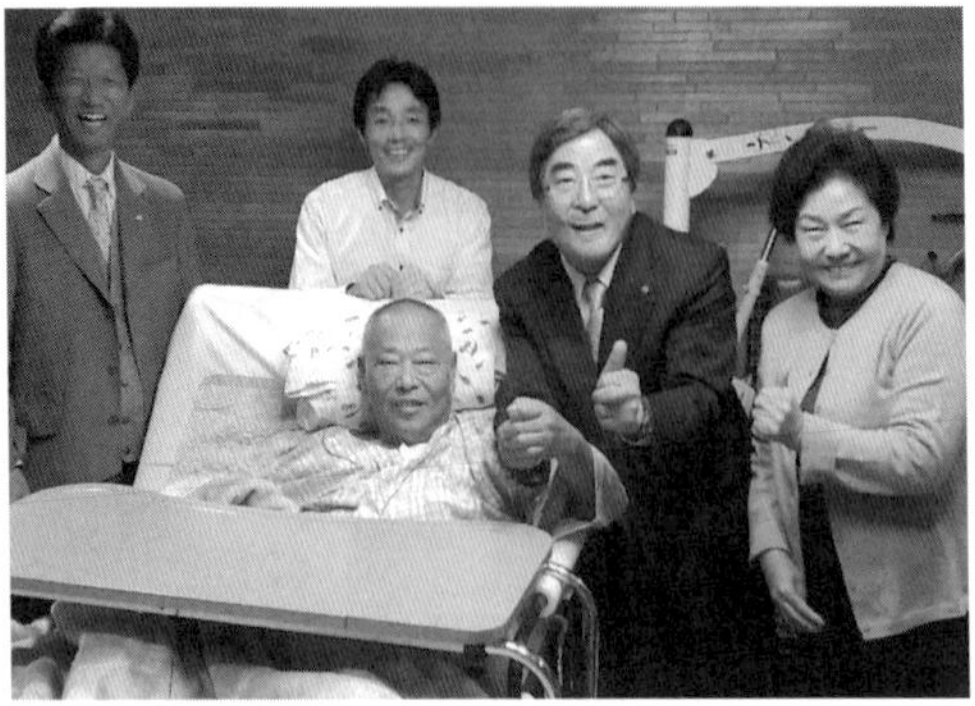

盛岡のご自宅にお見舞した時の元気な高塚さん（2012 年）

と依頼がありました。会食の席上で矢頭さんが事前の打ち合わせもなく「長男徹は能力はありますが、早く亡くなった主人に代わって帝王学を教えていただけませんか」と突然相談されました。すると「わかりました。松原さんのご縁ですから無報酬でいたしましょう」と言われたのです。それから2年間やずやに毎月通われました。私は同友会で創業者の矢頭宣男さんにお世話になっていましたので高塚さんのお陰で矢頭さんに少し恩返しができました。

福岡をあらゆるシーンで元気にされた高塚さんに心より感謝いたします。今年（２０１７年）６月20日盛岡に島津三郎シーホークホテル元総支配人と共に病床を訪ねました。笑顔で迎えてくれましたが既に重篤な病状でした。

残念な事ですが家族に看とられ８月27日にお亡くなりになりました。

活力ある福岡を、九州を元気にしていただいた稀代の経営者に感謝して一生忘れることはありません。

【参考】『会社再建』湯谷昇羊著　ダイヤモンド社出版

四、海外渡航者数日本一

政府統計発表によると、25年前に約３００万人弱であった訪日外国人が２０１６年には２４００万人を超えました。日本に入国する外国人旅行者が一番多く利用する空港は１位成田空港、２位関西空港、３位羽田空港、そして4位は私の生まれ育った近くにある福岡空港です。

それでは一番多く利用する港はどこでしょう。横浜港、神戸港、長崎港等日本を代表する外港の合計者数よりも多く断トツに博多港が第一位なのです。驚くべきことに中部セントレア、新千歳や那覇空港とほぼ同人数の訪日外国人68万人の入国者です。

この事実を福岡市民ですら知らない方が多いようです。国別の入国者数を見ますと1位は韓国、2位中国、台湾と続きます。地理的に韓国、中国等アジアに近いのでそのような結果になっていると思われがちですが、実はこのようになったのはまだ15年ほどでそれまでは博多港の入国者数は皆無の状態でした。福岡から海外への船舶航路は、港の構造上や諸般の理由からです。福岡から韓国への出入国方法は飛行機がほとんどでした。それ以外には山口県下関と釜山を結ぶ航路が戦前からあった関釜フェリーの利用です。その難関に挑み、不可能と思われていた海外航路を突破したのがJR九州の「高速船ビートル」でした。

この事業を決定した石井幸孝初代社長は船舶事業部（現JR九州高速船㈱）を1988年に設立して以降苦難の連続で多額の累積赤字に陥り国内航路の博多―ハウステンボス間と釜山間の国際航路を二者択一で廃止しなければならない経営決断を迫られた時多くの役員は赤字が多い国際航路廃止を訴えた中、石井社長は今後の日韓親善や来るFIFA2002年ワールドカップ（W杯）を日本で開催できた場合を考慮して海外航路を残すべきであることを力説して国内航路を廃止しました。

その後韓流ブームが起き多くの女性が気軽で便数が多い高速船を利用して対馬海峡を渡りました。極めつきはW杯が日本と韓国で史上初の共同開催になったのです。これで世界中の多くのサッカーファンが博多港より釜山に、また韓国から日本に移動する乗り物としてこれまでの飛行機のみでなく高速船も利用されたのです。

石井さんの予想を超えて、波が高く小型の高速船には無理だといわれた常識を覆し現在2社４隻で一日18便を運航しています。それに対応して福岡市が国際旅客ターミナルを新設して入国がほとんどなかった博多港に税関、検疫等の手続き行政機関が常駐するようになったのです。そのお陰で２０１２年ごろから入国可能な博多港にイタリア船籍の地中海に多く船を持つコスタクルーズが入港を始め現在は年間３３０隻になり高速船と併せて訪日客日本一になったのです。

また石井さんは鉄道事業において、福岡から筑豊を通り北九州黒崎を走る福北ゆたか線を電化にし糟屋郡を横断する香椎線と交差する長者原駅を新設して見事に赤字路線を黒字にされ開業当時の2倍の２１５０人／日が利用する路線にしました。弊社本社も沿線に所在しており恩恵を受けています。

五、日本一を実現したポートセールス

石井さんの苦渋の決断は単に交通手段が増え便利になっただけでなく日本と韓国に経済、文化ひいては何かと難しい政治においても重要な有形無形の財産となりました。

高速船の開設経緯は渋田哲也著（日経ビジネス人文庫出版）『「国鉄マン」がつくった日韓航路』で詳細に記述されています。そのなかで前編に登場するのが石井さんと同じく日韓航路の実現という大きな志を持った福岡市港湾局の職員であった「藤本道雄」さんです。２００２年港湾局に仕事の輸入関係で訪れた時に藤本さん（当時課長）に初対面でした。それからのご縁で福岡市経済振興局課長に移籍されて同友会国際交流委員会とコラボして中国杭州（のちに大連に移設）に商品展示場を設けました。

現在博多港は世界各国との定期航路が就航しています。おかげで私の経営している企業も容易に輸出入が可能です。国内では東京、横浜、神戸、大阪、名古屋の大都市に次ぐ取り扱い量です。これは藤本さんが長年積み上げた様々な功績の賜物なのです。ご自身は一切申されませんが、１９７８年九州域内で10位であり、藤本さんの志と実行力がなければ現在も変わらず博多港は地方港湾に過ぎなかったでしょう。ではどのようなことをされたのか？　紙面に限りがありますので、主な実績を挙げると台湾の最大手海運業エバーグリーン社の北米航路の誘致をされたことです。32歳の若さで当時の福岡市の政策ではなく自ら取り組まれたポートセールスの成果です。福岡市西区にマリノアホテルがありかつて東洋一の観覧車がありました。これはエバーグリーン社が建設・所有していました。また福岡市と姉妹都市のオークランド港との貿易協定を締結に結びつけました。

１９９７年に成長著しい上海港と交流協定締結。２００３年に博多―上海間を28時間で結ぶテクノスーパーエクスプレスを就航させました。残念ですが２０１５年12月で運航は終了しました。この航路を開設する前にエピソードがありまして上海市長と福岡市長が対面する機会がありました。上海市長は共産党中央政治局兼務のお立場です。福岡市長が上海市長に会うのは初めてでしたが藤本課長（当時）は面識があったほど精通されていました。

これらの実績があり日韓航路の実現に動いたのが博多—釜山間の貨物航路カメリアラインの開設でした。ＪＲ九州の高速船運航計画に最初は乗り気ではなかったそうですがフェリーと高速船を90年同時に運航する立役者となられました。日韓航路を開設するにあたり韓国側の絶大な協力者が釜山観光協会金景熙会長でした。この方に纏わる大きな出来事がありますが後ほど記述します。

藤本さんは港湾以外にも先述した中国杭州の事や福岡観光コンベンションビューロー専務理事としてライオンズクラブ世界大会を開催するにあたりブルーインパルスの企画等多くの貢献をされました。現在は福岡ソフトリサーチパークの専務に就任されています。今後も福岡発展のためにご活躍を期待しているのは私だけではありません。

六、唐池恒二会長との出会い

『「国鉄マン」がつくった日韓航路』の本に最も多く登場する人物が唐池恒二次長（現ＪＲ九州会長）でした。藤本道雄さんから優れた行動力や経営判断の持ち主とお聞きしていました。間もなく石井元会長の紹介で、高校後輩の泉屋酒販㈱専務（現酒商菅原店主）と共にお会いする機会がありました。既に船舶事業部から２０００年に異動されてＪＲ九州フードサービス㈱の社長をされ８億の赤字を黒字化にされる実績でした。

福岡市内の店舗成功に続き東京赤坂の市川猿之助・藤間紫（当時）の稽古場に「赤坂うまや」を猿之助プロデュースで開店して、九州の素材の食事と雰囲気が大評判の人気のお店を構築されました。私も開設当初より出張時に丸山直樹店長（現取締役）にお願いして利用しています。

出版記念祝賀会で唐池会長（中央）、小野建社長（左）

その後会合でお会いすることが重なりお世話になりました。数度お会いしているうちに全国にレストラン店舗を経営、指導されている㈱グラノ24ｋの小役丸秀一社長はじめ共通する知人が数名いることがわかりました。２００８年常務時代に山田直也秘書を通じてご多忙なところ同友会中央支部（当時）の9月例会に寸暇を割いてご講話いただきました。「旅・人生・しごとあれこれ」というタイトルの講話は、要約すると「現場主義」「誠実」に徹し、既存の経営資源を応用、活用して発想・戦術を生み出し独自の経営戦略で新市場を創造する。その基本は「守・破・離の実践」という内容でした。博多―釜山間の高速船事業において未知の世界を切り開き、幾多の困難の中チームをまとめ乗越え遂に就航に導いた高速船事業と同様に「お荷物、不要だ」と槍玉に挙げられた外食事業部（現ＪＲ九州フードサービス

㈱）を経営改革に着手して業績改善を行い黒字にして分社化に導いていることで誰もが認めるところでした。

唐池さんは２００３年に鉄道事業本部に異動されました。ＪＲ九州が民営化してＤ＆Ｓ（デザインと物語を併せた）戦略を積極的に進めた唐池さんはネーミングのプロで、１９８９年に運行を開始した「ゆふいんの森」「A列車で行こう」をはじめ「あそＢＯＹ」はあまりにも有名です。因みに先述した「ビートル」「うまや」の名付け親でもあります。

また九州新幹線開業に合わせ「観光」と「まちづくり活動」に力を入れ南九州の新たな観光資源の発掘、発信をしました。肥薩線嘉例川駅や日南線の飫肥の町等は一例に過ぎず沿線に数多くの観光列車を走らせ具現化されました。

他にも駅ビル開発や多くの業績を上げましたが何と言っても「ななつ星IN九州」を走らせこれまでの国内鉄道の概念を変えたことでしょう。近年ＪＲ東日本や西日本もこぞって後に習えと同様の列車を投入しています。２０１３年９月にななつ星が記者会見発表当日に小生の出版記念会がありました。山本哲朗秘書課長に調整いただきスケジュール上困難なところ何と会場に足を運んでいただいたのです。周囲の参加者も同様に驚かれていました。私にとって忘れることのできない一日となりました。

七、大嶋プジャンニム

唐池恒二さんの著書『鉄客商売』（ＰＨＰ研究所出版）は最初のページの１行目「大事なことはすべて大嶋良三部長から学んだ。私にとって、人生のお手本であり、仕事学の先生だ」というくだりから始まります。

大嶋さんから多くのことを学んだ中でも「船は波に向かうと沈まない」ということを胸に刻みこれまで人生を歩んでこられたとお聞きしました。大嶋良三さんは船舶事業部の初代部長に就任されました。岡山出身で１９４９年商船学校を卒業して民間企業に勤務後１９５４年国鉄に入社され四国の宇高連絡船の船長の後、広島鉄道管理局船舶部長を歴任されました。その後国鉄改革で航路廃止のときは反対を唱える人に自ら廻り説得し現場主義に徹しました。大嶋さんをＪＲ九州初代船舶部長に招聘したのは石井幸孝初代社長でした。広島鉄道管理局時代に仁方―堀江航路を廃止しなければならない時に大嶋さんの粘り強い交渉能力に加え人間関係を構築する素晴しさで石井さんと力を合わせ乗り切ることができました。その時の事を高く評価していました。

前人未到の困難な高速船事業を進めるにはこの人以外船舶部長はありえないと広い見識から石井さんは固辞する大嶋さんを何度も訪ねて口説いたのでした。

大嶋さんとアイビースクエア（倉敷）

大嶋さんと唐池さんは親子ほどの年の差がありました。どんな窮地に陥っても唐池さんは「それはできません」「それは無理です」といった弱音を吐かない。言い訳も一切しなかったそうです。それが互いの信頼関係となり多くの困難を乗り越え高速船事業で不可能を可能に成しえた原動力となりました。

実は大嶋さんとは藤本さんや唐池さんよりも早くお会いしていました。それは石井さんの福岡市長選挙時の選挙事務所内でした。ＪＲ九州から唯一事務所で応援しているのが大嶋さんでした。それ以降私は大嶋さんと電話やお会いするとき「キャプテン」あるいは「プジャンニム」と言います。これは藤本道雄さんが大嶋さんに敬意と愛着を込めて言う英語の「船長」と韓国語で「部長」という意味です。大嶋さんは船舶事業部の６年間に多くの機関士、クルー、スタッフを育て、見事に独り立ちさせられました。卒業生首席は自他共に認める唐池さんです。冒頭の言葉として表現されているのがその証です。私にとりもう一人大事な卒業生がいます。西依正博さんです。表情は穏やかで優しい方ですが国鉄清算事業団の修羅場で辛酸を舐めた信念の持主です。

大嶋キャプテンの紹介でＪＲ九州本社経営企画室でお会いしました。ＪＲ九州が新たに卵販売事業を立ち上げて、その事業を見事に軌道に乗せられました。たまたま高校後輩でＪＲ九州勤務の立石智昭君をご存じで以来年に数回３人で会食するようになりました。因みにご子息は弁護士をされており友人を通じて知り合いでした。大嶋さんが博多に来ることが少なくなり西依さんと岡山に訪ねることもありました。そのことを唐池さんに報告すると「いかん、俺も挨拶に行かなくては」と言われ、翌月ご多忙な中訪問されたことを西依さんよりお聞きしました。

八月に藤本さんのソフトリサーチパーク専務就任祝いに博多駅くうてんの華都飯店で大嶋さんからのお声がけでお祝い会を西依さんと私の３人でいたしました。その場に唐池会長もご多忙な中、同席されたのです。

大嶋さんと唐池さんの会話は今でも上司と部下の言葉遣いで、その姿を拝見して心から大嶋さんを尊敬されていることを感じました。

八、三人の会食で決まった「Kプロジェクト」

２００４年秋に藤本道雄さんとお会いした時、石井さんはお元気ですかと尋ねられ「はい、お変わりなく精力的に活動されています」と答えて私は「次回ご一緒に食事でもいかがですか？」と促すと「是非そうしましょう」ということになり9月下旬なのにまだ暑い日の夜、博多座があるビルの地階で会食しました。会うや否やビートルの苦労話に始まり懐かしいお二人の会話で花が咲きました。終わり頃に藤本さんから「石井会長は多くの功績から韓国修交勲章興仁賞をいただかれました。亜州観光金景熙会長も日韓関係の功労者であり是非日本の叙勲をいただくに値されます」と心の底から訴えられました。すると石井さんは真剣な表情で「藤本さん、松原さん力を貸していただけますか。叙勲の実現に向けて動いてみましょう」ということになり、その場で「Kプロジェクト」と命名が決まりました。これまで金会長の釜山観光協会会長としての高速船やカメリア定期貨物船の就航の実現のための韓国鉄道庁との交渉や、釜山市関係者への取りまとめ等の経緯や功績の文書化を藤本さん、私は釜山に赴きその他資料の収集を担当、それらの資料の取り纏めと推薦省庁である国土交通省への書類持込みを石井さんがすることが決められました。少しアルコールも入っていたのでお二人の会話についていくのが精一杯でした。

「Ｋプロジェクト」メンバー
左から筆者、石井幸孝さん、右側藤本道雄さん

実は金会長はその時重篤な病気をされ、時間の猶予がないこともあり早急に行動する必要がありました。限られた時間で困難なプロジェクトでしたが必要な書類を用意して手続きが終わりあとは吉報を待つだけでした。残念ながら春の叙勲には間に合いませんでした。しかし念願叶って２００５年秋の

叙勲に見事に外国人への旭小章に決定したことが10月末事前に連絡がありました。11月3日の文化の日に全国紙の朝刊で受章の記事を見たときには万感の思いでした。

通常海外の表彰は現地大使館職員が持参するのですがタイミングよく同月釜山でアジア太平洋経済会議が開催され、石井さんの提言で会議に出席される麻生太郎外務大臣（現副総理）が持参して渡されました。その光景を石井さんの思惑どおりにテレビニュースや韓国大手紙がこぞって大きく取り上げ写真と記事を全国版に掲載しました。その頃は現在同様日韓関係が決して上手くいっていない時期で改善の象徴として韓国国民に良い印象を与えたのです。それから2ヶ月後金会長はお亡くなりになられました。藤本さんが「間に合って良かった。これで恩返しが一つできた」と感涙と共にしみじみと言われたのが印象的でした。葬儀は釜山で行われ、ＪＲ九州石原進社長（現ＮＨＫ経営委員長）と石井前会長が来賓として最前列に参列されました。石井さんと藤本さんの熱い気持ちが内閣府を動かしKプロジェクトが絶妙のタイミングで実現しました。その一部始終を傍で拝見できたことは人生において貴重な出来事の一つです。

九、旭日重光章受章祝会

Kプロジェクトから10年後の２０１５年秋の叙勲に石井さんが勲章を受章されたのをテレビニュースで見ました。これまでの石井さんの功労が報われ本当に良かったと心から嬉しく感じました。

翌日有限会社Ｐ＆Ｐ真田彬会長より電話がありいつもの軽快な博多弁で「石井さんが旭日重光章受章したね。昔の勲二等やね。長崎のクリーン・マットの田中勝幸会長からお祝いせんといかんねと連絡あったよ」。そうですね親しい方で祝う会をしましょうかと答えると「松原さんあんたが発起人となって、これまで石井さんにご縁がある方を集めてパーティーをやらんといかんよ」。もちろん私でできる類のものではないし、第一ＪＲ九州さんが母体となって受章祝賀会を開催されますよと答えると「それじゃその意向をＪＲに確かめてやらんね」と諭され、結果は決まっているとは思いましたが唐池社長（当時）を訪ねました。「この度の初代会長石井幸孝様の受章誠におめでとうございます」と伝えて会社としてパーティーはどのようになさるかお尋ねすると意外にも役員のみで受章祝いの会をすると返事があり、では社外のお客様をお招きしてパーティーをしても良いのですかと重ねて聞きますと「是非お願いしたい。松原君がやってくれるなら発起人の一人として参加するよ」と言われたのです。真田さんにその事を報告すると「ほら、あんたがやらんといかんたい」。と念を押されました。これまで石井さんに福岡をはじめ九州の多くの方がお世話になっていることに少しでも恩返しできればという思いからお引き受けすることにしました。

実行メンバーは真田さんと事務局に㈱メリーグラシス代表の中村美賀子さんと私の三人でチームを作り、会場をホテルオークラ福岡に決めました。発起人代表をＲＫＢ毎日放送㈱永守良孝会長にお願いして、村山富市元総理大臣はじめ福岡県知事、大学学長、有名旅館社主、飲食業社長、九州電力㈱松尾相談役、作家夏樹静子さん（故人）、もちろん唐池社長そして列車デザインの第一人者水戸岡鋭治さん等石井さんとご縁ある23名の多彩な顔ぶれでした。日時は平成27年1月31日に決まり、約２ヶ月半のタイトな日程でしたがＲＫＢメディア事業局納富昌子局長（現役員）のアドバイスならびに当日は藤本道雄さんや関戸秀子さん、泊敏朗㈱サイコー舎代表のご尽力で九州各地より政財界約４００名の方をお招きして開催し、石井さんご家族と共に参加された方全員で受章お祝い会を開催いたしました。

主賓挨拶は麻生太郎副総理でしたが、参加はできないと誰もが思っていました。イスラム国にジャーナリスト後藤健二さんが人質にされ政府が緊迫している時でした。永田町事務所の筆頭秘書をされている大学の野田先輩から早朝に「福岡に飛ぶのでよろしく」と連絡が入り開会予定の11時に間に合ったのです。何故来れたのだろうかと参加者皆が驚いていました。先輩に尋ねると「石井さんは国鉄民営化後見事な経営をされ、また麻生代議士地元の筑豊と博多間の鉄道を電化にして活性化された。何より外務大臣の時に日韓関係修復の機会を示唆していただいた」とのことでした。正に「情けは人のためならず」と10年前のことを振り返って感銘を受けました。

十、出版記念会の翌日はアンパンマン

前著『浸透する経営理念』を出版するにあたり本のことを一人でも多くの方に知っていただくために梓書院田村社長より提案があり記念会をすることになりました。

これまで人様のお祝いや催し事は数多く行ってきましたが私自身がしていただくことは初めてでした。代表発起人に日頃仕事で大変お世話になっている小野建㈱小野建社長、遠州流茶道でご指導いただいている㈱はせがわ長谷川裕一会長（いずれも東証一部）、倫理法人会、日創研経営研究会で尊敬する金沢の㈱芝寿し梶谷晋弘社長（現会長）の3人でした。梶谷さんと夫婦共々でもお世話になっており後日金沢にご招待いただき且つ70名程の地元経営者を集めて本の販売をしていただきました。その時にお会いしたご縁で金沢の経営者仲間ができました。

又発起人としてJR九州唐池恒二会長や起業時からお世話になっている藤井鉄男税

理士、学校恩師で吉田茂生西南学院理事長（現福岡女学院常任理事）、高校の先輩で華味鳥を国内外に展開するトリゼンフーズ㈱河津善博会長や感動ウエディングをプロデュースするアイ・ケイ・ケイ㈱金子和斗志社長、博多名物明太子の㈱ふくや川原正孝会長、通信販売の㈱やずや矢頭美世子会長、福岡県倫理法人会ならびに仕事でもお世話になっている㈱トーケン浅井美行社長、そして野中産業㈱野中真一郎社長等各種交流会で親しくしている第４章・章扉の写真20名の方でした。

右から重光氏、寒竹氏、筆者、前列吉田氏
（左京ひがしやま）

ラーメン店を国内外に展開している博多一風堂創業者の河原成美さんは40年前からのお付き合いを筆頭にいずれも長くお世話になっている方で、あごだしスープで全国に愛用者を待つ久原本家経営者の河邉哲司さんで10年のお付き合いになります。

又当日は４００名を超える参加者で賑わい発起

人の方々との交流ができ、新たな出会いの場となり嬉しい光景が会場内各所でありました。意外でしたのは複数の発起人同士で初めてお会いして人間関係ができ、それ以降連絡を取り合っている事を後日お聞きして、出版記念会を開催していただき心より感謝しました。

その中で海外に700店舗以上のラーメン及び日本食店を経営する重光産業㈱重光悦枝副社長に国内外に歯科をはじめ医療機関を展開するDSヘルスケアグループの寒竹郁夫代表が海外の事業戦略について意見を請いたいという申し入れがあり、アポイントを取ったところ銀座の割烹でお会いすることになり紹介者として私も同席してご馳走になりました。

製作した階段　アンパンマンミュージアム

又会場は現在アンパンマンミュージアム福岡がある博多リバレイン5階のアトリウムガーデンでした。この会場で最後の催事として使用したのが出版記念会でした。翌日からアンパンマンミュージアムへ大改修工事が決まっており5階から6階への大型階段の新設工事の建築を担当する東急建設様から記念会の決まる以前から弊社が受注していました。記念会当日は和服で参加して、翌日は作業服で同じ場所に立つことになる何とも不思議な体験をいたしました。因みに出版会当日の様子はＹｏｕＴｕｂｅでご覧いただけます。

第5章

人知で計り知れないこと

一、理念伝導感動塾

２０１０年に㈱ベストオフィスクリエイション塚崎ひとみ社長より是非理念の勉強会をしたいので手伝ってねと、軽い感じで「理念伝導感動塾」が始まりました。先代のご主人は同友会青年支部の先輩支部長であり、その時のご恩を少しでもお返しできればとお受けしました。

第一期は塚崎さんをはじめ金村永治㈲サンエイ企画、中村弘明スマイル広告、日高美治キューハイテック㈱、平島健司㈲ヒラシマ各社長、松岡正道(医)ペンタデント理事長等代表者6名でスタートしました。それ以降福岡市、北九州市、中津市、小郡市、長崎市、伊万里市、大牟田市他の異業種60社を超える経営理念の作成と伝導（浸透）を社内で実践する研究会になりました。実のところ一回限りの限定的な勉強会の予定でしたが現在まで8年間継続しています。第九期は大牟田市を中心に行う予定です。

塾生共通の驚きは三次元で理念を作成することのようです。しかも2、3ケ月で浸透する経営理念ができます。それまでの「理念は時間をかけて何度も熟考した後にできる」という固定概念の打破に直面します。インスタントに作成したものは決してよくないと多くの方が考えられています。大事なことは期間ではなく原理原則に基づいて作成されているかそうでないかです。塾生はこれまで長年理念作成に取り組んでいる優れた経営者です。各自の理念を三次元で組み立てできた時、誰もが「これこそ我社の求めるものだ」「この理念があれば他社との明確な差別化ができ

理念伝導感動塾　八期生（上）、二期生（下）

る」と声も出ないほどの感動と喜びを表されます。

繰り返し申し上げます。「理念作成は長い期間が必要ではなく、見栄えのいい言葉の羅列でもありません」。要は伝導することができる理念になっているかです。次に理念の浸透についても同様で朝礼で何千回、何万回唱えても、又社内の壁のいたるところに理念を飾ってもほとんど変わりません。確かに日々の唱和は大事ですが伝導する理念になっていなければ経営者に思いがあっても社員さんを始め社内外の関係者には理解できません。理念伝導感動塾で8ケ月のうち2ケ月を理念作成にあて、残り6ケ月は伝導の研究課題に取り組んで社内で実践致します。するとこれまでまったく反応がなかった社員さんが明らかに変化していきます。そのことを体感して塾生の皆さんが驚かれ感動します。

もちろん、催眠術やマジック、洗脳等は一切使いません。

浸透する理念についてこれまでのコミュニケーションに対する考えを経営者がほんの少し変えるだけなのです。もちろん経営には人、物、お金そして情報が必要です。

このことについても考えなくてはいけない課題があります。

塾では私がこれまで多くのことに取り組んで上手くいったことのみを課題として取り組んでいただいています。浸透も回数ではなくまた経営者の思いは必要ですがそれよりも右腕、左腕である伝導士にいかに正しく伝え導くかなのです。

毎期、回を重ねるごとに伝えている私が学び、新たな発見があることは経営者冥利に尽きます。経営のかなり深いところまで関わりますので一期につき5、６名が最適です。今後は卒塾生の方に伝えていただけることを祈念しています。

二、共尊とコミュニケーション

現代社会において人間関係で欠かすことができないのがコミュニケーションです。コミュニケーションという言葉は何気なく使われていますが、コミュニケーションの意味をご存じでしょうか？「トーク（対話する）」や、「ディスカッション（議論する)」など、「話す」ことを表す類義語として使われているのではないでしょうか。「コミュニケーション」は「話す」「伝える」とは違う意味です。前著135ページで語源は述べましたのでここでは簡単に記述いたします。

COMMUNIONはcomm「共に」+UNION「一致」というラテン語から派生しています。言語からも「一体化、共有する」という意味になります。ここまでは辞書で検索するとわかりますが、さらに調べるとキリスト教で毎週(プロテスタントでは月に1回もある)礼拝で行われるパンとブドウ酒の聖餐式に繋がります。

神との交わりを通して信仰を覚え希望を持ち自分を愛するように他人も愛することを忘れず定期的(継続)にすることなのです。これが共に一致する意味でフランス語から英語となり現在使用されている英語のCOMMUNICATIONとなりました。

私が起業を決心した大きなきっかけとなった永野豊税理士より6種の利害関係集団(コミュニティ)図(88ページ)を教えていただき会社と各種の関係と矢印が相方向になっていたことに「そうだ!」と気づきました。これまではお客様や社員さんだけが対象となっていたがほかにも仕入先、金融機関、株主そして地域社会があり、話すことだけでなく共に一致することが企業に求められるのだ。永野先生は起業設立の挨拶時に「コミュニティの６種の関係をよりよくすることが今後の会社発展につながります。お客さまは当然大事ですが社員さんはじめ他の関係も大事にしてください」と言われていました。前述したとおり当時は売上、利益優先の経営をしており本社周辺住民に御迷惑をおかけして経営の危機に直面したことはこのことを忘れていたからにほかなりません。

その体験が理念作成プログラムY軸の成立に繋がりました。また永野先生から教えていただいたコミュニティ図の順番の「①お客様、②仕入先、③貸入先（金融機関、土地、建物）④社員、⑤地域社会、⑥出資者」を、我社の成り立ちと理念経営から独自に「①社員、②仕入先、③お客様、④金融機関」の順番に変更しました。現在は理解していただけるようになってきましたが、発表した当時は「なぜ利益の源泉であるお客様が仕入先よりもましてや社員より後なんだ」、あるいは「お客様第一主義から反しているのでおかしい」等々厳しいお言葉がありました。私は起業して苦しい時期を経験していましたので会社に必須なのは利益を上げるということはわかっていましたがそれには社員さんの活動無しに良い成果は出せない。また信用がないと資材の入手はお金を払えば仕入れはできるがいい条件では購入はできない。仕入れがあって経営が成り立つ共生の関係を構築することの大切さをしみじみと感じていました。そこに一座建立という座右の銘に出会い共尊の関係Y軸が閃きました。コミュニケーションの究極は共に生きる（共生）のことだということです。

三、地の塩、世の光

中学、高校を通じて一番の想い出は蔦のからまる学院のシンボルである赤レンガの講堂（現大学博物館）で毎朝アッセンブリーをしたことです。この講堂は２００４年に福岡市重要文化財建築に指定され管理・運用されています。

学生時代この建物が誰の設計かということは知りませんでした。と言うより関心がなかったというのが正しい表現です。

一方、18歳から私が会員として所属している日本福音ルーテル博多教会で１９９７年に老朽化した会堂の改修工事の計画が出されました。そこで設計者は一粒社ヴォーリズ建築事務所で近江兄弟社の関連会社と教えていただきました。本社は滋賀県の近江八幡で福岡にも営業所があります。当時の建築図面が保管されていないか尋ねてみましたが大正時代の設計で先の戦争で焼失したとの回答でした。ちょうど同友会の全国総会が大津であったので近江兄弟社に一度行ってみたいと考えていましたので足を延ばして訪ねてみることにしました。すると設計会社は大阪に移されて近江八幡には所在していませんでした。対応してい

西南学院大学博物館（旧チャペル）

日本福音ルーテル博多教会

ただいた出版部門の部長の方が「それでは大阪に当時の設計図があるか尋ねてみましょう」と言っていただき近江八幡を後にしました。

それから1ヶ月後ヴォーリズ事務所より「設計図は大阪に保管されていました」という吉報が入りました。ダメで元々と思っていましたが近江八幡に行ってよかったと感じました。設計図を入手して構造がわかり建築計画を立てることができました。2000年10月に無事に大改修工事が終わりリニューアルしてヴォーリズ作品が蘇りました。続いて、当時幼稚園としては斬新なデザインであったであろうスペイン風建築の南博ホールも改修工事に取りかかることができたのは恵でありました。さて、ヴォーリズの偉業はメンソレータムをアメリカから日本に持ち込んだことです。建築においても大同生命本館や大丸心斎橋店、同志社、関西学院講堂等多くの建築を遺した功績に加え、昭和初期に武道場しかなかった学校建築に初めて体育館を併設した設計をしました。もしヴォーリズが日本に来ていなかったら日本の球技競技は世界に数十年遅れていただろうといわれています。そして終戦後に天皇陛下と占領統治司令官ダグラス・マッカーサー元帥と対面させた立役者がヴォーリズなのです。

これにより戦後日本統治において本国では天皇制の廃止を求める政治家が多い中、戦後日本に天皇制が必要であることを説き、認めさせることにつながりました。夫人が明治天皇の遠戚であったこともありますがヴォーリズは精神的にも日本人になりきりどのようにしたらこの国の将来を見通し、日本人が幸せに暮らせるかをひたすら考え行動した所以です。聖書に地の塩、世の光とあります。正に日本に必要なものは何かを考え行動し周囲を照らし心より日本を愛し行動した人でした。

私は２０１５年３月からバークレー院長・理事長のもと母校西南学院の理事職を任命されました。学院１００周年を迎える年に理事運営に携わる機会を得ました。「地の塩、世の光」の聖句を常に掲げて新たな１００年に向け学院の更なる発展のために努めて行動いたします。

四、尊し我師の恩

落ちこぼれであった小学生の私に手を差し伸べ引き上げていただいた原口安美先生のことは第1章に縷々記述しました。中学時代にも同様にお世話になった恩師がいます。いつも優しく声をかけていただいた陸上部顧問村坂政利先生、担任の体操部小田(旧姓下司)芳昭先生、今年2月末病床にお見舞いした直後に亡くなられた英語課早田美代士先生そして英会話担当C・W・フェナー先生です。

特にフェナー先生は初めて会ったアメリカ人ということもあり、中学・高校を通じて英会話でお世話になりました。高校同窓生で現在俳優の陣内孝則がロックバンド時代に『フェナー先生』というタイトルで歌っているように喫煙や問題を起こすと指導室に呼ばれてお仕置きをされた同窓生も多くいました。先生は母と同じ年齢ということもありご夫妻で我家に訪問され両親と共に食事を度々されました。とりわけ大学2年のとき塞いでいた私に、かねてよりアメリカに行ってみたいという願望に対しテキサスの友人5家庭をホームステイしながら3週間のスケジュールを組んでいただきました。当時Eメールはなくテレックスでのやりとりは大変だったと感謝しています。

ヒューストンで見た世界初のドーム球場アストロドームやNASAジョンソン宇宙センターのアポロ・スペースシャトル計画、メキシコ湾岸の石油掘削現場、大都会のダラス、飛行機が同時に同じ目的地に離陸できる滑走路が5本ある広大なフォートワース空港、熱狂的なアメリカンフットボール観戦、西南学院大学と姉妹校ベイラー大学のあるウエーコーでは留学していた溝口さ

フェナー先生ご夫妻

んの豪華な学内寮に予定外で宿泊したこと、広大な牧場を営んでいる家庭で一日中一人での乗馬や初めて食べたTボーンステーキ等見る物すべてが強烈な経験でした。

先述の通りこの旅行で私の費用負担は飛行機代のみで先生の友人がアメリカ滞在中の交通費、宿泊代、食費等全額すべて負担していただくことでした。とはいえ買物等に使うお金は必要です。当時はキャッシュカードはまだ普及しておらず現金を持ち歩くのは危険なので「トラベラーズチェック・旅行小切手」を国内で購入して使用しました。また日本にはまだなかった３８０度回転するジェットコースターやマクドナルドのドライブスルー方式の店舗に驚嘆しました。１９７７年にいずれも日本初登場したタイミングは、その後多くの転換期を世界各地で体験することを啓示していたようです。

余談ですが20年前に父母を連れて40年前学生時代に行った同じ行程を案内いたしました。ただ異なるのはすでに先生ご夫妻が帰国されダラスに在住していましたので先生宅に３人で泊めていただいたことです。両親も大変満足して喜んでいただきました。

期待外れは宇宙旅行に連れて行けませんがせめて地球と宇宙の交信基地であるNASAに行って喜んでもらえればと意気込んで行くとなんと宇宙センターに隣接して遊園地が作られ子供たちが遊んでいたのです。父が「このような遊園地ならヒューストンまで来なくても北九州にあるな」と言われたのは今でも思い出し笑いをします。

今年7月フェナー先生の訃報が届きまた一人恩師が逝かれました。フェナー先生はじめ多くの師との交わりで日本福音ルーテル博多教会の会員になり人知では計り知れない出会いに感謝します。

五、人知で計り知れない再会

世界一のLNG・液化天然ガス輸出国のカタールは国土が新潟県と同じくらいの広さです。国中が砂漠地帯で30年前まではラクダが交通手段でしたがペルシャ湾沖に世界第2位のLNG埋蔵量が判明してから目覚ましい発展が続き、現在では国民の教育

ラスラファンLNGプラント

費、医療費は無料の世界有数の富裕国です。２０２２年にワールドカップ開催が決定されたことはご存知の通りです。現在中東の情報局アルジャジーラやガス田がつながっている対岸のイランとの親交関係を嫌ってサウジアラビアを中心とする中東諸国と国交断絶が懸念されています。

ペルシャ湾に面したラスラファン工業地帯に世界最大のＬＮＧプラントを日本企業Ｔ社が建設しています。同プラント内の新たな受注が決まった事が今夏新聞で報じられていました。そのプラント現場で建設に携わっていた大学時代にフェナー先生宅で知り合った親友八田正俊君よりメールが届き２００８年12月に幸運にも現地の現場視察に行く機会が与えられました。

世界最大のプラント現場の大きさにただ絶句でした。驚いたことは他にもありました。砂漠の中とは思えない豪華な食事です。きっとフランス・テクニップ社との合弁で豊かな料理が用意されているのだろうと思いました。驚きは料理の内容だけでなく食堂にいた人物でした。なんとそこに中学時代の同級生の大場昭雄君がいたのです。35年ぶりの再会は東京でもなく、福岡でもない中近東のカタールでした。彼は八田君と高校が同窓で卒業後東京大学に進み新日本製鐵㈱に入社して鋼管配管のエキスパートになりＴ社に出向して専門分野を担当していました。偶然にも４日前に当プラント現場に出張が決まったそうです。八田君は私を驚かせようと思って黙っていたそうです。現在八田君が担当したプラントからＬＮＧが日本の中部電力向けに輸出されています。

大場君（右）とカタールで

　東日本大震災の時はいち早くカタールからＬＮＧの援助をしていただき秋田港にタンカーを接岸しま

した。

大変辛く寂しいことに八田君は担当したプラントが完成して帰国2年後に進行性のガンが発見され54歳の若さで昇天されました。現在もご両親や友人で高校教師の岩本裕州さんとお会いしています。

さて、中国上海に我社の取引先の現地法人ＵＴＳ上海があります。ＣＥＯは古閑涼二さんです。古閑さんとは２００５年台湾の関係企業がＵＡＥ・ドバイで中近東交通インフラ展示会に出展したときにご一緒して以来のお付き合いです。ご実家が我家の近くにあるということもあり帰国した時はゴルフをラウンドいたしました。

さて、我家の隣人で大阪教育大学の秦政春教授が上海海洋大学に赴任されて是非遊びに来てくださいと度々ご案内をいただきました。２００９年12月に古閑さんの企業訪問を兼ねて上海を訪れることにしました。秦さんと待合せ場所を中心部にある古閑さんの事務所がある建物にいたしました。そこで古閑さんを秦さんに紹介いたしました。それから秦さんが教える上海海洋大学日本語学科で学生に向け講義の依頼があり、そのご縁で優秀な中国人社員の就職獲得ができたそうです。また翌年取引銀行の西日本シティ銀行担当者が上海支店から転勤した玉井健之輔氏になり、古閑さんと上海時代に知り合いであったと聞き世間でなく世界は狭いと感じました。玉井さんは昨年末再度上海支店に転勤になりさらに古閑さんと親交を深められているということです。

六、百聞は一見に如かず

20歳の時に単独で初めて行ったアメリカをはじめこれまで30ヶ国90都市を超える世界各国・地域をプライベート及びビジネスの旅をいたしました。

中でも２００５年アラブ首長国連邦のドバイで見たブルジュ・ハリファをはじめ世界一の数々の建物、度胆を抜いた砂漠の上に建てられた人工スキードーム、

UAE・アブダビ

首都アブダビの豪華絢爛なエミレーツパレスホテルでアラビアンナイトさながらのゴールドのトイレ等々。

また口コミで140万部のベストセラー『ツキを呼ぶ魔法の言葉』の著者五日市剛さんがイスラエルで偶然に出会ったユダヤ人のお婆さんと不思議な出会いで信じられない出来事が次々と起こり人生が好転していったのはハイファの町であるとお聞きしていました。又フィンランド人の友人パウラ・サリーさんがエルサレムに仕事で在住していることもあり2016年2月にイスラエル行きを決めました。予定日が近づくにつれ連日、イスラム国の話題が新聞紙面、テレビ、ラジオに流れていました。現地の治安をメールで尋ねると「全く通常と変わらないよ。ISはシリアやイラクの事で隣国は北にレバノン、西にヨルダンその隣はサウジアラビアがあるので安心して来てください。」と回答があり日本で聞く情報とかなり違うものでした。3月中旬に

五日市さん（前列中央）を囲んで

テルアビブ空港に降り立ち一路目的地ハイファを目指しました。１時間ほどで地中海に面した港町に到着しました。カルメル山から眺める市街地の眺望は美しく世界遺産バハーイー教寺院群が中央に位置していました。

もう一つの目的地は「死海」でした。中学の英語教科書で見た体が浮いた状態で新聞を読んでいる写真が大変印象深く、興味があり一度体験したいと考えていました。途中エルサレムに寄って宿泊しました。桜に似た花が何処にでも咲いており尋ねるとアーモンドでした。エルサレム旧市街は歩いて見学しました。全てが歴史の教科書で学んだ実物が眼前にありヨーロッパ各国で見る歴史建築物の感激とは異なり三大宗教の聖地が同居している事に加えパレスチナ解放機構との政治的な均衡関係から独特な雰囲気でした。

夜遅くダウンタウンに行き徒歩でホテルまで帰りましたが日本と変わらずたし・・・かに安全でした。翌日海抜８３５ｍのエルサレムから地球上最も低い４２３ｍの湖、死海に向かいました。高低差１５００ｍの移動で山中に海抜０ｍ地点がある不思議な場所です。死海はリゾート地で世界の有名ホテルが建ち並んでいました。翌日待望の浮遊体験をしました。何とも表現できない感触で浮くのです。45年越しの念願が叶いました。じかに建国の歴史を学んだことから翌年、毎年博多駅前でクリスマスマーケットを主催する佐伯岳大社長にアテンドしていただきポーランド・アウシュビッツ、ドイツ・ヴィッテンベルグに行きました。百聞は一見に如かずの諺どおり多くの経験から現場に行くことを信条として何事も自らの目で確認するようになりました。

死海と同じ水のプールで浮遊体験
（ダニエルデッドシーホテル）

七、リフォメーション500周年

リフォームと言うと建築における造改築を思い浮かべるでしょう。これは英語でリノベイトと言います。Reform は和製英語で Reformation の動詞で、「正す、検める」という意味で建築用語ではありません。語源のリフォメーションとは改革・改正とあり、他に宗教改革の意味があります。

かつて高校世界史で習ったように１５１７年10月30日にドイツのヴィッテンベルグの城教会の門にマルティン・ルターが95ヶ条の提題を掲げたことに端を発しルネッサンスの三大発明の活版印刷技術の発明でドイツ語に訳した聖書が一般市民が入手可能な価格になって広まりルターの提唱する考えに共感する人が増えたことは次章で補足説明します。当時は何語で聖書が書かれていたかというと旧約聖書はラテン語、新約聖書はギリシャ語でした。

ベルリン　ヴィッテンベルグ門

そして現在のキリスト教会は世界中どこでも会衆が座る長椅子がありますが500年前以前の教会には椅子はなく参列者は立って聖壇の上で聖職者が執り行うミサ儀式を見て拝んでいました。そこで読まれる聖書はラテン語でありギリシャ語であったので会衆は意味がわからずただ手を合わせ壇上を仰いでいたのです。

つまり、聖書の内容を理解している人は神学者や聖職者等のほんの一部でした。大学教授であり神学者のルターは、聖書に書いていることと現状との違いを訴えたのでしょう。

因みにルターの功績はこれ以外にもそれまで地方によって異なっていた方言を標準ドイツ語に統一して聖書を訳したことがあります。

さて、私は物心ついた頃から家族で松原家のお寺明王院に毎月参っていました。それは決められた我家の慣わしであり何も気にもせず通いました。

西南学院中学に入学して現在は大学博物館の赤レンガの講堂で毎朝の集会がカリキュラムにありました。その際必ず聖書の一聖句を先生が読まれ解説されます。いつものように聖書の意味を先生が説明している時ふと気づいたのです。聖書は日本語で書いているから意味がわかるが、お寺のご院家さんの唱えるお経はどういう意味なのだろうかとそのとき初めて疑問に感じました。

いつもの通り家族でお寺に行ったときにご院家さんにお経の意味を尋ねました。すると「お釈迦様の教えをサンスクリット語で書かれた経典を中国人が耳で聴き漢字に当てはめたものと中国の高僧がインド、チベットから経典を持ち帰り中国語に翻訳したものに大別して2つあります」と言われました。又「お経は漢字を日本語の音にして唱えているので読んでいる漢字に意味があります」という説明を受けました。

よく理解はできませんでしたがルター時代より前のドイツ人が行ってきたように、私は15歳の時にお経も同じような形態になっていると感じました。今でもお経は日本語に訳されていませんが読経は気高く厳粛な唱えに心が落ち着く大事な時間です。

もしルターが自国のドイツ語に訳していなかったら聖書はいつごろ現在のようになっていただろうかと思い巡らせます。今年は宗教改革５００周年にあたります。

八、私の使命

前著『浸透する経営理念』の出版記念会は各界の方をお招きして開催しました。このとき同業界の方も多く足を運んでいただきました。その中に新日鐵住金㈱九州支店牧ケ野孝宏支店長がいました。前任地の上海で合弁企業の宝鋼新日鐵自動車鋼板有限公司で信号電材㈱糸永一平会長、康平社長と従兄弟で技術担当していた糸永慎一さん（現アメリカ勤務）が同じ職場だったということもありそのご縁で毎年初夏に信号電材㈱糸永社長を交えて暑気払いをするようになり、奥苑一成支店長に変わられても引き継がれ大牟田で行っています。現在ホンダと合弁企業の㈱スチールセンターの代表取締役として持ち前のバイタリティでご活躍され上京の際は表敬訪問して会食しています。

2014年の年末に厚板室長より、来年2月はじめに関係会社を集めた会の講師をしていただきたいと連絡がありました。恐れ多いことですが牧ケ野支店長のご指名だとお聞きしてお受けしました。支店長からは是非本の内容についてレクチャーしていただきたいということでした。

それは次世代を担う新日鐵住金㈱の有力取引先11社で構成された鴻臚八松会でした。我社より大きな商いをされている優良企業ばかりで私が教えていただくことはあってもこちらから話すことなどありません。

その時に同席されていた豊鋼材工業㈱木村昭夫社長（当時）が「遠慮することはない。あなたが考えていることを率直に話せばよろしい」と背中を押してくれました。

また出版記念会に楠本浩之税理士も参加されていました。経営されている㈱楠本浩総合会計事務所は毎年１月福岡で参加者が千名規模のグローバル・経営者フォーラムを開催されています。先生のご指名でグランドハイアット福岡で翌年開催する２日目の講座を担当するようになりました。基調講演は㈱日本M＆Aセンター三宅卓氏、慶應義塾大学竹田恒泰氏とテレビ等でお馴染みのお二人の後を受けて４講座同時に開催

第3回グローバル・経営者フォーラムにて

されました。他の講師に空手の極真会館松井章奎館長、香港を中心に活躍されているHOPEWILL GROUP堀昭則代表など著名な講師陣の中で無名の私の話を聞きに来てくれるだろうかと思いましたが予想に反して来場者数が一番多い分科会会場となりました。「何故経営理念が浸透しないか」というテーマに興味があって参加された方がいたのでしょう。講演会後、本の売れ行きがよくなり嬉しいことでしたがそれよりも税理士、公認会計士、弁護士等の士業の方が多く参加され企業経営者以外の方に経営理念について詳しく説明できたことが大変よい機会となりました。これら2回の人知で計り知れない経験に加え、今年福岡銀行粕屋支店大塚靖昭支店長より全行員さんを対象に講話依頼があり、支店会議室において損益計算書や貸借対照表等でなく理念作成と伝導の話をして目に見えない資産の重要性を伝えました。

それ以降、多くの方の前での講演は控えさせていただいています。出版の目的は売れるためではなく講演依頼を増すためでもありません。ましてや著名人になるためではないからです。

かつて私がそうであったように経営理念を渇望しているがどのようにすればよいかわからない。理念を社内に伝えて次世代に繋げたいと心から願っている方々一人ひとりに足元を照らし明るくすることが私の使命だからです。

今後も三次元プログラムをスパイラルアップして参ります。

第6章　伝え導く経営

一、経営理念はなぜ必要

経営の神様と言われた松下幸之助翁はじめ成功している多くの経営者が経営理念の必要性を唱えられています。このことは中小企業であろうと大企業であろうと否定する方は少ないと想像します。それではどうして経営理念が重要なのでしょう？　いろいろな考えがあると思いますが私はこの問いに前著で「経営理念は企業継承するために必要である」と記述して反響がありました。それは私の知る経営者を見て理念があっても上手くいかない企業もあるし理念がなくても素晴しい経営をされている企業もあり、経営理念の存在の有無は企業業績に直接関係ないことに気づきました。では何故必要であるのかを考察していくと短期的には経営者の能力で会社はある程度上手くいくがその経営者が代わったり引退するとそれまで素晴しい企業業績があっという間に衰退し、ひいては企業がなくなることさえあります。これは新経営者の能力もありますがそれだけではないことがわかりました。

企業が継承するには代表者交代に応じて登録変更、土地の所有、自社株の譲渡手続き、各資産の名義書き換え等があります。これらは法律上必要な目に見える承継（法的）手続きです。しかし、世代交代する企業には目に見えない「継承」資産があります。それは企業存続が30年（昨今は10年）説と言われ継続が困難な時代に永続経営されている百年企業を調べると一目瞭然です。先代から培った技術、サービス、お客様との関係、進取の気性や考え方等々です。

よって目に見える資産以上に企業継承で重要なのが目に見えない資産です。そのなかで最も重要なのが家訓、口伝、企業理念等なのです。企業の命題は継続することです。目に見える資産のみでは継承は困難極まりなくやがて衰退します。そこで目に見えない資産の企業理念を一緒に次世代へ継承することが必要であると気づきました。弊社も次期経営者に企業理念を引き継ぐことを継承ビジョン（Z軸）で最重要として捉えています。

企業を引き継ぐためには、浸透する理念と理念伝導が必要です。売上だけ上げれば良いし今は順調だから問題はないとは必ずしも言えません。企業は常に変化していきます。そして変えなくてはならない事と変えてはならない事があります。是非とも「三次元プログラム」で貴社の理念を再構築されることをお奨めします。比較だけでも良いので確認していただければ幸甚です。

もちろん理念の目的は他にもあります。何のために経営しているのか、自社企業の役割、大切にしている価値観やお客様、仕入先等に対する姿勢、社員や地域社会に対する考え方に加え、企業に関わる各々の人生観に基づいた夢や願望が実現できワクワク・ドキドキする内容が包含されていることです。残念ながら多くの企業理念にお客様への姿勢は記載されていますがこの文言が入っていないようです。このことについては前著で詳しくお伝えしています。

今一度自社の目に見えない資産を確認することをお勧めします。

二、浸透でなく伝導の理由

前著『浸透する経営理念』の本を読まれた方よりよくいただくご相談に、「理念浸透の方法を教えていただけませんか」というものがあります。その相談に対して「理念浸透の仕方はわかりません」と答えると、「あなたから教えていただいた方が著書に多く登場されているではないですか。私にはダメなのですか」と言われます。そこで私はアルプスの少女ハイジのロッテンマイヤー風に「本に書いている通り理念は浸透でなく伝導を伝えています」と申しますと「伝導ですか？」と怪訝そうな顔をされます。

確かに著名な経済学者や世に言う成功した経営者をはじめ誰もそのようなことを唱えた方はいないので本で「理念伝導」と読んでも「理念浸透」と頭の中で変換されるのは無理はないと思います。私もかつて理念を策定して社内に浸透させるのに躍起になっていました。そこでふと「浸透する」とはどのような状態だろうと想像してみました。相当な時間考えましたがイメージできないのです。どうしても浸透の言葉の意味から異なったイメージになります。それは私の想像力の乏しさからか机の上にあるコップの水が倒れ書類に水が染み込むとかティッシュペーパーに万年筆のインクが染み込んでいく等々でした。これを会社に置き換えるならば一方的に好むと好まざるとにかかわらず受入れなくてはならないのだろうか、いつの間にか自分の考えと異なっていても会社の考えや思想に染まることだろうかと疑問を感じました。

そのようなことを考えていましたらあるとき理念が浸透するとは液体現象ではなく、小学校の理科で習った熱や空気が伝導する固体や気体の熱伝導現象ではないかと閃いたのです。「そうだ、理念は水などの液体が浸透するのではなく目に見えない熱や空気がエネルギーとなって伝導するんだ」。その伝達方法はコミュニケーションと感動であるとまるで天上からのメッセージのようでした。

そこで、伝わるかどうか挨拶で試してみました。通常の挨拶の前に言葉を出さずに

「今日もよろしく」と心の中で言った後「〇〇さんおはようございます」と少し元気がない社員さんに毎日言い続けると1週間後には笑顔で挨拶が返ってきたのです。別の社員さんに同じことをするとやはり1週間前後で明るい挨拶になりました。以後毎週一人ずつ増やしていくと全社員の社内の朝の挨拶や来客時や訪問時の挨拶が明朗で快活な挨拶に変化しました。これには驚きました。それ以外にも前著で紹介した多くのことに取り組むことで、コミュニケーションの内容と質が異なってきて企業風土が変わり業績向上に良い影響が出ました。また以前と比較して事故やクレーム数が明らかに減少しました。クレームについてはこれまでの考え方を改め１８０度変換することを経営計画書に明記して全社で実践しました。その具体的な内容については次項で述べます。

こうして理念は浸透ではなく熱の伝わるように伝導していくものであり、その順番は経営者の右腕、左腕からということもわかってきました。

三、クレームに対する考えと実践

皆さんはこれまでなんらかのクレームを起こした経験をお持ちだと思います。一般的にクレームはどんなイメージをお持ちですかと尋ねるとほとんどの方はいやな経験や困ったことそれはできれば上司や会社に伝えたくなかったこと、会社に損害を出したことなどの回答があります。

クレームを起こした人は誰一人として起こそうとして起こした人はいないという事実です。一番いけないことは同じクレームを再び出すことでありそこで社内に一度出たクレームを発生した本人のみならず部門、社内での共通の課題としました。

そのためにはいかなるクレームも必ず報告することですがどうしてクレームを報告しないあるいは隠そうとするのかは単純明解で、上司からの叱責や処罰があるからです。そこには本人の立場が優先され損害が出たお客様が後にあります。それは弊社理念「共に尊び共に育む」から逸脱します。そこで「いかなるクレームの発生も責任は一切問わない、また考課の対象にもしない」と明文化しました。ただし社内で共有化するのが目的ですので発生日の報告を原則とし漏れや遅れについては厳重に処罰することにしました。言い換えれば報告さえすればお咎めなしにしたのです。

先ず再発防止のために発生させた本人が当日に内容と真因そして再発防止策を所定用紙に記入します。この後が重要で翌日担当部門全員が同じことを自分が起こさないためにどんな対策をするか記入します。これによってアドバイスでなく自分のこととして考えることができるのです。するとより良い方法や対応が新たに部門全体のマニュアルやルールに加わります。対策にこれまでのような「以後気をつけます」とか「注意します」といった文言はなくなりました。無論本人は二度と同じことを繰り返しませんが他の部門の仲間も同様にそのことがあったことがきっかけで出さなくてすむようになります。

理念が伝導する前は一人が出したクレームと同じようなクレームを他の社員が何回

も出すというお粗末かつお客様から信用も失うことがありました。このように理念の観点からクレームに対する考えと実践を行った結果いかなるクレームも報告、再発防止をしてお客様から求められる技術やサービス対応を進化させることができ業績にも反映いたしました。

クレーム報告書を我社は「天の声ノート」として保管し定期的に検証します。現在では天の声ノートに取り組む姿勢に加えクレームの発生真因であるその人にしか知りえないことを洗い出してクレームにまで至らなかった気づきやヒヤリ・ハットの報告を部門ミーティングで発表しています。それに加え成功事例も発表します。本人から言いにくいことは他の方が発表してあげる和やかな雰囲気ができています。これも理念伝導の成果です。

四、経営はCONDUCT

経営を和英辞書で調べるとManagementとあります。Managementを経営と誰も疑うことなしに使用していると思います。私は辞書の和訳について異を唱える考えはありませんが、経営の英訳はCONDUCTが適切な意味であると気づきました。

それは理念伝導をするにあたりこの第3章88ページで示した順番が重要であることを知りました。つまり誰から先に（熱）エネルギーを伝えるかということです。それに気づいたのは日常の経営やセミナーでの学びあるいは経験からではありません。あるコンサート会場で初めてフィルハーモニー（交響楽団）を聴きに行った時のことです。難しいクラシックの曲でなく「魔女の宅急便」をはじめ音楽に門外漢の私でも知っているポピュラーな曲の演奏で楽しめました。約2時間楽団の美しい調べを聴いたあと会の終わりに指揮者の挨拶に次いで左側にいる第一ヴァイオリンの紹介がありました。その時です、立ち上がり会釈をした瞬間「あれ、指揮者と横並びに座っている」と気づいたのです。第一ヴァイオリンを見ると指揮者の隣にいます。それまでテレビでしか見たことのなかったオーケストラの配置は指揮者が指揮台の上に立ち各演奏者と距離が離れていると思い込んでいました。ところがそうではなかったのです。たまたまこのような配置なのだろうと思っていましたが気になって後日指揮者とオーケストラの配置を調べてみると驚いたことにこの位置が通常で指揮者のすぐ左横（下《しも》手《て》）に第一ヴァイオリンその後ろに第二ヴァイオリンの配置であるのを知りました。

企業も同様で経営者の近くに右腕、左腕の机があり会議等でも同じようになっています。つまりオーケストラにおいて全体を俯瞰してより良いハーモニーを創り上げるには右腕の第一ヴァイオリンがこれからはじめる演奏曲はどんな高低やテンポで演奏するかを奏者に伝える重要な役です。換言すれば指揮者がどのような演出をするか管弦楽奏者と指揮者の橋渡し役です。企業において経営者である指揮者の思いや考えが右腕である幹部の第一ヴァイオリンに伝わらなければ組織全体に伝わらず、ハーモニーが取れない音色・社風になります。このことから伝えるべき第一順番は右腕の幹部そして第二は左腕の幹部それを受けて他の社員にエネルギーを伝えていく順番だと気づきました。

指揮者は企業では経営者にあたります。英語ではCONDUCTORです。Conductを調べると経営という意味があり、語尾のORは人の意味です。まさしく経営者なのです。第一ヴァイオリンの立場である幹部を理念伝導士と名付け幹部である伝導士の教育は社外の教育機関やセミナーに行かせるだけでなく経営者自らがエネルギーを伝え導くことだと確信いたしました。

五、定規と物差し

理念伝導士を育成して理念の伝導を図ることについて述べましたがその前に必要なことがあります。経営理念の作成です。しかも浸透（伝導）する理念となっているかということです。前著でこのような前代未聞のことを書きましたところ大変な好評を博しました。

伝導できる理念の策定方法について要約しますと経営者の物差しである【Ｘ軸】で

7つの項目を各記入します。

①あなたは何のために経営していますか

②貴社の固有の役割とは

③大切な価値観・人生観

④お客様、仕入先、協力業者に対する考え方

⑤社員さんの基本姿勢

⑥地域社会や環境への配慮

⑦夢・希望・幸福の実現　※⑦が入っていない理念は伝導が難しいようです。

そして、錦の御旗のように誰が見てもわかる【Y軸】を作成します。この誰がとは①社員さん、②仕入・購入先、③お客様、④金融機関、⑤地域社会・公共、⑥出資者の6種の利害関係者のことです。方法は、①から⑥までの方に我社がどのような企業になるとより望ましいかをリサーチして考えます。

①は社員全員と個人面談をして「貴方の夢が実現できる職場とはどんな状態です

か」「貴方の願望を満たすには、どのようなことを望まれますか」といったような確認をして全員のコメントを列記します。するといくつかの共通する項目に分類できます。②からは社外になり難しいので、各担当幹部と一緒に考えるのです。②では仕入れ担当者とどうしたら他社よりもよい仕入れ条件やよい材料を供給してくれるようになると思うかこの課題についてディスカッションするのです。そして①同様共通の言葉を出します。③は営業担当者④は経理担当者とともに抽出します。⑤、⑥は全社あるいは各部門で考えていただきます。日頃③の営業会議等でどのようにしたらより多く買っていただき売上できるかということは行いますが相手の立場から自社を見ることはないのでこれまで気づかなかったサービスや社内体制ひいては支払い条件の見直し等ができ社内改革が一気に進むこともあります。

また理念は継承するために必要であると先述しました。そのために次期経営者がどのような企業であったら継承をしたいか、企業を譲る側の経営者に描いていただく継承ビジョンの【Z軸】を次に考えます。まずいつ引退するかを決めていただきます。

仮に15年後だとしたら2032年に自社がどのような売上、利益で社員数、事業場所は増えているか社員さんへの福利厚生、企業ドメイン等を包含して考えます。ビジョンということで売上100億や海外に進出するあるいは東証一部上場など考える場合はX軸の①〜⑥の一項目ずつ合致するか検証してください。特に、X軸⑦の社員さんがワクワク・ドキドキするかが大事です。

X軸は物差しと申しましたがZ軸は定規です。物差しは目盛りがあり自社の価値観や経営の目的を確認できます。定規は始点と終点を結び引き現在から将来に向け基軸を示すものです。

経営者の偏った考えの理念を毎日朝礼で唱和しても何千回、何万回理念研修を社内で行っても伝導することはありません。ですから伝導する理念が必要なのです。これまで100社を超える企業が、理念を策定して伝導士育成に取り組んでおられます。業種業態・規模に関係なく三次元理念が機能しているのは嬉しい限りです。

六、理念経営は六角錐体

世に初めて「理念三次元プログラム」を伝える時に馴染みやすいように表1、表2、表3と言わずX、Y、Z軸と称して作成することをお伝えいたしました。

お聞きになられたほとんどの方が「そうか平面ではないのか」と合点がいき立方体の形状をイメージされるのですが実は立方体ではないのです。このことは私が主宰している理念伝導感動塾では詳細に説明しますが本書では紙面の関係上簡略にお伝えします。

結論から申しますと「六角錐体」なのです。

どのような形状か想像するのが難しいと思われるようですが平面では六角形で立面から見ると次ページの図のようになります。

六角形はY軸のコミュニティ図の6種の関係です。第3章で、述べましたとおり、

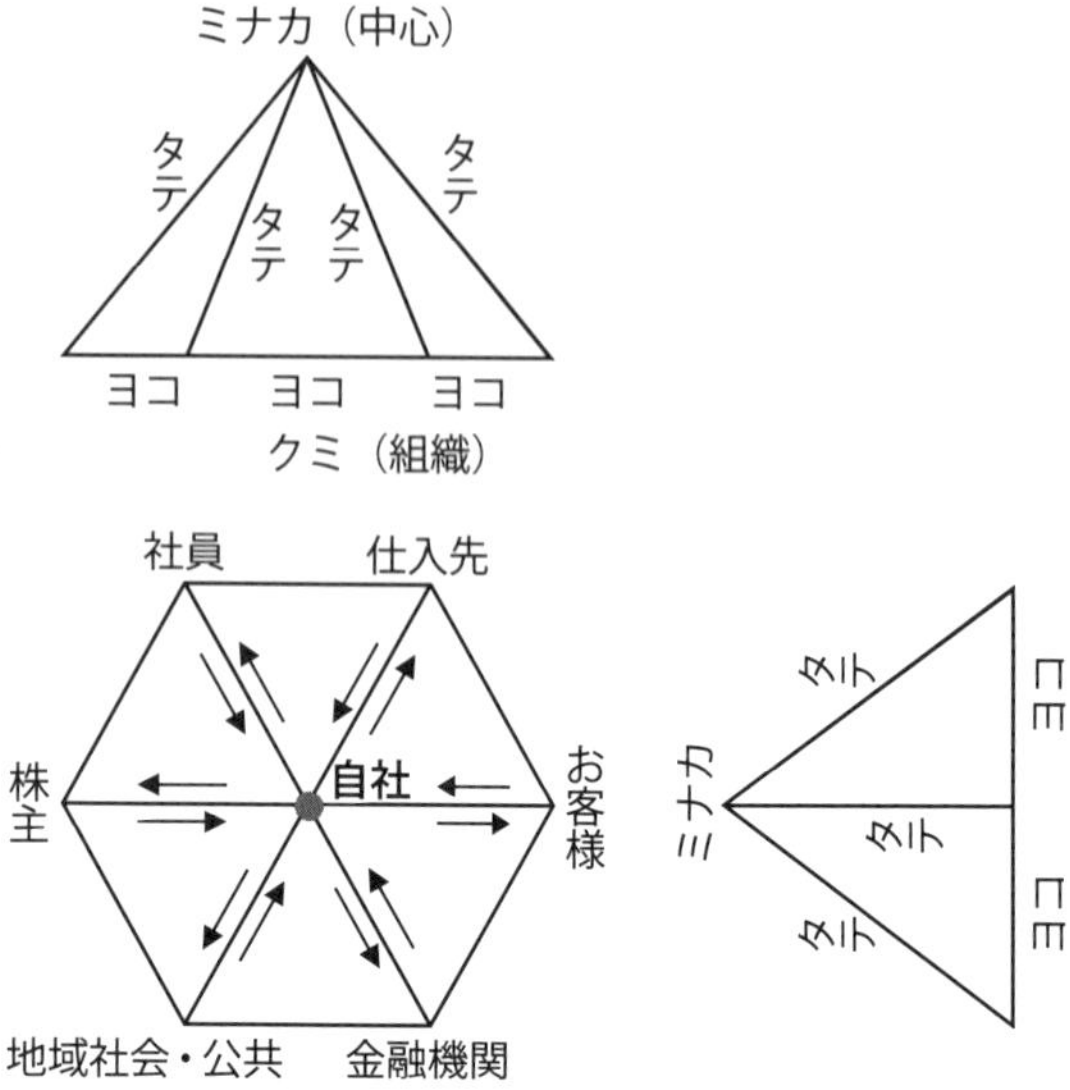

浸透する理念　イメージ図

やまと言葉で中心はミナカと言い、ミナカから出たものをタテと言い先端と別のタテの先端の結びあったものをヨコと言います。これをクミ（組織）と言います。つまり、①社員と②仕入先は自社から出て戻っています。また社員さんと仕入先は離れているのではなく繋がっている関係です。当然ながら企業は生きています。三次元で繋がっているのです。このタテの線が切れたりヨコの線がなくなるとコミュニケーションが途絶えやがて社内外の関係は乱れ企業風土は壊れ、ギスギスした関係となりやがて業績が悪くなって衰退し最悪は企業倒産となります。理念は言葉だけでなく経営そのものだということです。

その上で最も大事なことは【Z軸】です。売上優先を考える経営では外部環境が激しくまた経済の先行きが少子高齢化、人口減少、雇用難等で将来を見通すことは難しい時代です。どんな企業づくりをすれば後継者が継承したいと思うでしょうか。そのためには来る近未来に備えるべき重要なことは①と②、③、④、⑤、⑥の三角形をいかに保つか強固にしていくかです。そして社員さんが「この会社で自分の夢を実現するんだ」、仕入先様から「同業他社でなく是非我社から商品やサービスを買っていただきたい」と言われ、お客様から「貴方の会社がなくてはならぬ。これからもともに発展していこう」、金融機関からは「他行でなく我行より借入れしていただきたい」と言われる企業地域社会、隣近所・地域から信頼され認められ存在価値ある企業づくりをして株主から「将来性があり、出資したい」と言われる理念に沿った企業経営を求められます。これを理念伝導経営といい真の理念を伝え導く経営です。経営理念の構成がX、Y、Z軸になっているか、そしてタテとヨコで三角形の関係が保たれているかこれらの観点からその理念が社内に伝導するため伝導士が育っているかこれからの経営に求められます。

七、理念伝導経営の目ざめ

これまで縷々申しましたが最初から理念伝導経営をしていたのかというとそうではなく地域とのある大きなクレーム・トラブルが転機となりました。

1992年の設立当初は福岡市内にある父所有の築40年の工場を借りていました。大型トラックの入出庫も運転手さんが大変苦労するほど狭くて屋根はスレート、外壁はトタン葺で部分的に腐食している古い建物でした。簡易トイレで更衣室もなくスチールロッカーがあるだけでした。夏は気温が上がり冬は冷蔵庫の中で作業しているように寒く劣悪な環境でした。

１９９７年設立5年目に現在の本社社屋を購入いたしました。待望の更衣室を設備して畳を敷いた休憩スペースを設け水洗トイレを新設して作業スペースも従来と比較して2倍の広さがある労働環境を整えました。そして何よりも都市計画法の農業振興地域にありこれまでの市街地に位置していた工場と異なり周囲に住宅が3軒あるのみで田園が広がっていました。私はこれで作業時に発生する音を気にすることがなくなると浅はかな考えを持っていました。移転した1年後に阪神大震災の教訓から国土交通省が中学校の耐震工事に取り組みそれに使用するH型鋼ブレース加工の受注が増えました。毎晩10時まで残業しても追いつかず12時を過ぎ、夜中2時まで残業することもありました。

ある日の夕方帰社して定例の報告を受けた後に総務部長から神妙な顔で工場の対面にある住宅の奥様がお昼休み後に直接工場に来て工場長に苦情の申し出があったことを聞きました。「夜間作業を9時までなら我慢するがそれ以降は止めてほしい、年老いた母が眠れなくて困っている」という内容でした。そのことについて話が30分近く続いたそうです。工場長は平身低頭に申し訳ないという気持ちと自分たちも仕事だからやっているという気持ちと仕事に早くとりかからないといけないという焦りから「お互い様じゃないですか」と言ったのです。その言葉に激怒され帰って行かれたそうです。

翌朝見知らぬ中年の強張った顔をした男性が事務所に来られました。応対すると昨日クレームがあったお宅のご主人でした。移転して1年経っていましたが近所との付き合いもほとんどなく誰がいるかも知らなかったのです。昨日のお詫びをしようとするとご主人がカウンター越しに紙を一枚置いて書かれている5項目の内容を読まれました。我社が法律違反している旨でした。ご主人が一級建築士であることをこの時初めて知りました。都市計画法における騒音規制を含めどれも物理的にすぐには是正ができないことばかりでした。

続けて「これらが1ヶ月以内に改善されない時は法律に基づき対応します」と厳しい口調で帰って行かれました。もし訴訟を起こされ仮処分を受けて業務が止まると財務的な余裕はなく本社取得直後で銀行借入れ枠も少なくたちまち事業停止に追い込まれます。そんな中で総務部長の提案で会社周辺の地域清掃を始めました。加えて住民の方に全社挨拶運動を行ったのです。不思議なことに1ヶ月経過しても訴えはなく住民の方とそれまでなかった交流が徐々にできてきました。私は当初3軒しかないと勝手に思い込みましたが、１００軒でも1軒でも相手の立場になれば同じことであることを猛省して地域にも配慮した理念経営をめざすことを固く決意しました。

八、環境に配慮した理念工場

１９９８年に起きた近隣住民とのトラブルからコミュニティ図の5番目の地域社会に対しても、これまでの経営を正すべく環境ＩＳＯ１４００１に全社で取り組み環境負荷の低減に努めました。２０００年に九州で業界初の取得をして現在も運用しています。紙・ゴミ・電気に加え、最もご迷惑をかけた作業時に発生する騒音の低減や製造に使用する水の使用を50％削減し入庫するトラックの時間帯を朝夕の混雑時を規制して、狭い前面道路の入出庫を短時間で行うために道路側左右とトラック後部に３名で誘導するなどの改善を行いました。

２００１年から２０１６年の15年間に紙の再利用は６トンを超え、直径14㎝高さ８ｍの樹木を１２４本伐採しないで育てたのと同じ数にあたります。

今では住民と笑顔で挨拶し地域清掃をしている社員さんが朝採れの季節の野菜を「いつもご苦労様」と言われいただくこともしばしばです。全社を挙げて環境教育に取り組んだことで騒音は法律内に下げましたが騒音がなくなったわけではありません。車両も時間規制、搬入時間の短縮はしていますが車両台数が減ったのではなくむしろ総台数は増加しています。誘導時間も１日１時間以上かかっていることがわかりました。加えて移転当時は広く感じた工場も近年鉄鋼商社様や大手建材問屋様から大型物件の受注をいただき部材、重量も大きくなり３ｍを超える高さまで積み上げることも多く、危険な作業を強いられている状態は変わっていませんでした。

そこで理念に照らして考え現在の工場を新たな場所に移動することを決め２０１４年第23期経営計画発表会において２０１６年度中の完成をめざして取り組むことを発表しました。新たに工場を建設しても売上は上がりません。従来通り本社で加工していれば利益は残り今後の経済における需要が不透明な中、費用対効果の点からは疑問視される投資計画です。利益や財務面からはそうなのですが前述した企業の継承には目に見えない資産が重要であると書きました。私は20年前に起きた問題の解決、今後トレーラーやトラックの入庫が誘導なしでスムーズにできることや部材を１ｍ50㎝以下の安全に置けるヤードスペースを確保した職場環境でなければ将来のより良い加工技術の提供は難しいと考えました。

第 23 期経営計画発表会

新たに建築した工場は本社がある福岡県粕屋町か

ら車で5分の須恵町に位置し前面道路から大型トレーラーの入出庫が容易になり、本社のように社員の誘導は不要になりました。またトラックが入るたびに作業を止めずに加工スペースを確保したお陰でこれまでと比較して1日に30分以上ロスタイムが削減できました。念願のストックヤードも2.5倍の広さがあり、大型部材も安全に置くことが可能となりました。また天井全面に断熱材を敷き壁は吸音ボードで覆いました。環境工学を駆使し通気窓を上下に配置して自然換気と強制換気を併用した結果、日中はほとんど照明が不要で光熱費は40％削減になり、作業時に発生する煙・粉塵も解消して夏涼しく冬暖かい労働環境を整備できました。私はこの工場を理念に基づいて建築しましたので「理念工場」と名付けました。

九、天の時、地の利、人の和

かくして２０１６年３月に福岡県糟屋郡須恵町に操業した理念工場は、本社にトレーラーやトラックでお見えになるドライバーさんのご負担、それに伴う道路渋滞でご迷惑を掛けた地域住民の方、そして製造担当する社員さんの労働環境の改善が解消できました。２０１４年度計画に入り建設用地取得に1年をかけてこれらのことを満足する土地を見つけるために親しい不動産業者や友人に数多くの物件資料を依頼して各地に足を運びました。しかし工場用地が見つからず２０１５年4月にこれでは計画を延期せざるを得ないと考えていた時、同友会の友人から「ＪＡは農家から預かった土地活用の物件があるよ」とアドバイスがありダメで元々のつもりで近くにあるＪＡかすやを訪ねました。これまで何度も業者に伝えてきた同様の希望内容を話し終えると意外にも「該当する物件がありますよ」と返ってきました。

多分私が知っているこれまで見た物件の中の一つだろうと思い見せていただくと初めての資料でした。しかも希望に叶った場所と広さと金額です。そこで間髪入れずに契約申し込みをした次第です。

1年間隈なく土地情報を見てきたにもかかわらずいとも簡単に物件が見つかりまし

た。同じようなことを20年前に本社を購入する時に体験したことを思い出しました。

時が満ちるように理屈ではないタイミングがあるのだと感じました。孟子の言葉に「天の時は地の利に如かず、地の利は人の和に如かず」とあります。チャンスに恵まれても地の利を活かしそれ以上に人の（団結）力が大事であります。理念工場の敷地は産業道路から入って2軒目で、将来バイパスが通りさらに交通アクセスが良くなることを取得した後に知りました。周囲に住宅はなく交差点にコンビニエンスストアがあり大変便利な場所です。天の時、地の利の有効な立地条件を得ました。

工場建築にあたりお世話になったのが漸建築設計室の山本博一さん、基礎工事の㈲プロコン福岡の戸野川正雄さん、建築施行管理は別府建設㈱の別府茂喜さんでした。全員同友会で20年以上前から公私ともにお世話になっている友人でその頃から工場を建築したかったのですが資金的余裕がなかったので既設建物である現在の本社・工場を購入しました。当時は夢でしたが将来工場を建てるときは山本さんの設計と別府さんに建設のお願いをしますと常々言っていましたことが現実になったのも嬉しく感じました。

電気業の㈱キューピクル内川社長、屋根板金業の㈱シモバン松本社長をはじめ卓越した技術とチームワークで当初工程より1ヶ月程短縮して完成いたしました。地の利を凌ぐ人の和の結実でした。今年はマルティン・ルターの宗教改革から５００周年です。ルネサンスが起こり活版印刷技術が発明され、ドイツ語に聖書が訳され、ドイツ国民が安価で聖書を手にすることができ意味がわかるようになっていた時に、ヴィッテンベルグ大学がある教育熱心な町で95ヶ条の提題を見た民衆が呼応しヨーロッパに拡がりました。まさに天の時、地の利、人の和が成しえた世界を大きく変えた歴史的な事実です。

十、理念ができれば企業は儲かる

経営理念は経営の足かせとなるのではないか？　理念経営が本当に黒字経営になる

のか？　という問いにこれまで理念にどんなに時間と費用をかけても作成しただけでは黒字経営になりませんと断言しました。加えて理念を作成して黒字企業になる条件をわかり易くするために左記のように方程式にして表記しました。

B＝(Ms＋R)×C±α

B 利益、Ms PDCAサイクル、R 伝導する経営理念、

C コミュニケーション、α 外部環境

ところが方程式は理解できるがよくわからない。何となくわかるというご意見が多く聞かれました。本意と異なる感想が聞かれました。

そこでこの理念と利益を方程式以外で説明できないだろうかとこの3年間考えていましたところ一見するとまったく関係がないと思われる場所・物事に影響が及ぶことの喩えである「風が吹けば桶屋が儲かる」という諺を引用することにしました。

「浸透する経営理念を作成すれば」

経営者は社内に理念を伝導（浸透）するため幹部に教育して理念の説明をする。

次に幹部が経営者の考えを理解して部下に理念を伝える。

部下が理念を理解すれば理念に則して自律的な行動になる。

自律的な行動をとると社内にＰＤＣＡサイクルが廻り、コミュニケーションが良くなる。

コミュニケーションがよくなると何のために会社があるか社員同士が理解する風土となる。

このような風土で育った社員が行動すれば人生観や夢が明確になる。

夢が明確になるとお客様や仕入先、金融機関に対しより良い関係を構築できる。

より良い社内外の関係ができれば支持者が増えて必要とされる企業になる。

必要とされる企業となれば売上げ・利益が上がり業績が良くなる。

「よって、理念ができれば風土が良くなり利益が出る企業となる」

これはこじ付けではなく理念伝導プログラム①～⑧と合致しています。私が主宰している理念伝導感動塾でその一項目ずつを毎回課題に取り組み研究しています。

皆様におかれまして正しく理念を伝え導き伝導士を育成して社内のコミュニケーションを高め外部環境にも打ち勝つ企業風土を醸成され永続されますことを祈念しています。

理念伝導経営を行って良くなるのはまず自社です。それと一緒に社員、仕入先、お客様、金融機関、地域社会、株主がより良くならなければ理念伝導経営ではありません。それにはまず経営者が源となり明朗で喜んで理念を伝える事です。

松原照明

matsubara@cs-steel.com

むすびに　皆様のご縁に感謝して

今年で60回目の誕生日を迎えました。成人式がつい先日のように感じますが気がつけばあれから40年の歳月が経過いたしました。

今年は還暦だけでなく他の節目の年でもあります。

4月でシーエススチールを起業して25年が経ちました。母校西南学院が1世紀、101周年を迎え、5月に高校2年生の後輩に向け講堂で学生時代のことを話す機会が与えられました。6月には妻京子と結婚35周年を迎えました。9月に「浸透する経営理念」を執筆して5年になります。出版記念会では日頃お世話になっている小野建㈱小野建社長、㈱芝寿し梶谷晋弘会長、㈱はせがわ長谷川裕一相談役はじめ尊敬する経営者である発起人の方に大変お力添えを頂きました。

九州電力㈱松尾新吾相談役から「この本は学術的ですね」と感想をいただきました。誉めていただいたと思って、どのような意味ですかと尋ね返すと「万人受けしないこと」と言われました。やはり内容が平易でないのかと思いました。ところが関東をはじめ多くの方に手にしていただき3年間でほぼ完売する事ができました。

これまで約40年間は建築・鉄鋼界に携わり経営について学んだ月日でありました。一見こんなの役に立つのかなと感じたことも振り返るとすべて必要な事であり、多くの学びが理念三次元プログラムを含めその後に実を結んだことが多々ありました。そんなことから皆さまに多くの機会を与えていただいた経験を節目である60歳の誕生日に感謝を込めて出版する事にしました。

これまで他の人が経験されてない貴重な体験を多くいたしました。又これまで仕事、プライベートで30ヶ国を超える国や地域に行ったことで国内では知りえない事実も見聞してきました。

1996年台湾国営製鉄所で知った中国の台頭、2005年中国の経済発展の中内モンゴル自治区包頭近郊の黄河上流での枯渇を見て将来の水資源問題を予見、２００７年ＵＡＥのドバイショック前年にドバイとアブダビを訪れわかった事２００９年アラビア海の小国カタールで世界一の天然ガスプラント建設現場の現状、タイの輸出先企業訪問等々です。これらに加え２０１５年イスラエルをはじめアジア、欧州、南半球、中東、アメリカ等を訪問してきました。

これらを我社の経営戦略に加え他社の経営に参考や助言ができましたことは嬉しい限りでした。また本書に登場した方を含めこれまで多くの方の出会いやご支援は感謝に絶えません。

そのご縁とご恩に報いるためにもシーエススチールで更なる強固な理念伝導経営をして併せてこれまで関わっていただいた方に恩返し・恩送りに尽力して参ります。

今回の出版で自分の原点と使命を図らずも知りました。

この本が40代までの方には考え方や行動の一助に

川口貴弘さん（左）、丸山雅成さん（右）（ハノイ）

50代の経営者には経営の参考となればと願って執筆しました。

まずは、自分が幸せになることそしてあなたの隣人に幸せを与える事を少しでも一つでも行っていく社会になる事を念じています。

どうか皆様の企業、家庭がゆるぎなくご発展する事を心より祈念します。

2017年9月29日

一座建立　松原　照明

著者紹介

松原 照明（まつばら　てるあき）

シーエススチール㈱　代表取締役

1957 年　福岡市博多区生まれ

1977 年　アメリカテキサス州に単独旅行

1980 年　近畿大学工学部建築科卒業

1980 年～ 1991 年　毎日鋼板㈱勤務

1992 年　シーエススチール㈲を設立

2003 年　坂村真民先生より経営理念を直筆戴く

2005 年　中国モンゴル自治区クブチ砂漠植林参加

2006 年　一級建築施工管理技士取得

2007 年　遠州流茶道師範 見徹庵宗照拝命

2007 年　初のイスラム国 UAE ドバイ、アブダビ訪問

2008 年　カタール国、世界最大の LNG プラント視察

2012 年　福岡県倫理法人会 幹事長

2015 年　学校法人 西南学院 理事・評議員

2016 年　福岡県糟屋郡須恵町に理念工場新設

2017 年　創立 25 周年経営計画発表会開催

福岡県中小企業家同友会
日創研福岡経営研究会
福岡県倫理法人会
理念伝導感動塾
遠州流茶道
政経倶楽部

著　書『浸透する経営理念　理念成文化３次元（ASSY）プログラム』
2013 年　梓書院刊

連絡先
matsubara@cs-steel.com

伝《つた》え導《みちび》く経営《けいえい》 Conduct［コンダクト］

2017年11月1日 第1刷発行

著　者　松原 照明
発行者　田村 志朗
発行所　㈱ 梓書院

〒812-0044 福岡県福岡市博多区千代 3-2-1
TEL 092-643-7075 FAX 092-643-7095

印刷所 青雲印刷

ISBN978-4-87035-615-3
© 2017 Teruaki Matsubara Printed in Japan

乱丁本・落丁本は、お取替えいたします。